dtv

Ein nützlicher Ratgeber zur Spezies Mensch für Besucher aus fernen Welten, Erdenunkundige und überhaupt alle, die sich in menschlichen Dingen manchmal verheddern ...
Bestehend aus:
Einem kleinen Nachschlagewerk, das allerlei nützliche Informationen zu den Menschen und ihren Gepflogenheiten enthält – von A wie App bis Z wie Zoo.
Außerdem einem kleinen Sprachführer mit den wichtigsten menschlichen Sätzen und Ratschlägen zu ihrer korrekten Anwendung.
Sowie nützlichen Reiseinformationen: Wie verhält man sich, um unter Menschen nicht allzu sehr aufzufallen, wie atmet man auf der Erde, die beliebtesten Reiseziele u.v.m.

Matt Haig, geboren 1975 in Sheffield, hat bereits mehrere Romane und Kinderbücher veröffentlicht, die mit verschiedenen literarischen Preisen ausgezeichnet und in über zwanzig Sprachen übersetzt wurden. Er lebt in York und London. In Deutschland eroberte er sich mit seinem Bestseller ›Ich und die Menschen‹ (dtv 21604) ein großes Publikum.

MATT HAIG

Die Menschen von A bis Z

Ein Ratgeber

Deutsch von
Sophie Zeitz

**Ausführliche Informationen über
unsere Autoren und Bücher
www.dtv.de**

Von Matt Haig
ist bei dtv außerdem erschienen:
Ich und die Menschen (21604)

Deutsche Erstausgabe 2015
dtv Verlagsgesellschaft mbH & Co. KG, München
© 2014 Matt Haig
Titel der englischen Originalausgabe:
›The Humans: An A-Z‹
(Canongate Books Ltd, 14 High Street,
Edinburgh EH1 1TE)
© 2015 der deutschsprachigen Ausgabe:
dtv Verlagsgesellschaft mbH & Co. KG, München
Umschlagkonzept: Balk & Brumshagen
Umschlaggestaltung und -illustration:
Sabine Kwauka
Gesetzt aus der Aldus 9/11,5˙
und News Gothic Bold 8,25/11,5˙
Satz: Greiner & Reichel, Köln
Druck und Bindung: Kösel, Krugzell
Gedruckt auf säurefreiem, chlorfrei gebleichtem Papier
Printed in Germany · ISBN 978-3-423-21605-0

INHALT

Die Menschen: A–Z 7

Nützliche Informationen 173

Einige Ratschläge, die man
beherzigen sollte, wenn man als
Mensch durchgehen will 174

Zur Vorbereitung auf den
Planeten Erde 176

Wie der Mensch zustande kam 178

Wie man auf dem Planeten
Erde atmet 182

Unterkunft 183

Nützliche menschliche
Redewendungen 187

Die Menschen: A–Z

A

Alleinsein Lass dich nicht von der Anzahl der Freunde täuschen, die ein Mensch innerhalb seiner sozialen Gruppe hat. Alleinsein ist häufig das Produkt von Gesellschaft.

Ameisen Die technisch begabteste Spezies auf der Erde. Sie brauchen keine Computer. Sie haben Zweige und Blätter.

Andere, das Beliebtes Wort bei Philosophen und Psychoanalytikern. Menschen teilen die Welt gern in das Vertraute und das Unvertraute ein. Alles, was anders ist, wird von den Menschen gefürchtet, denn es ist ein Teil des Lebens – und damit ihrer selbst –, den sie nicht begreifen. Wir sind das Andere für sie. Sie sind das Andere für uns. Dabei ist das Andere ein Mythos. Das Einzige, was alle immer sehen, sogar wir, sind wir selbst. Denn selbst wenn wir mehr Augen haben als sie, ist die Zahl doch begrenzt.

Andeutung Menschen sind die einzige Spezies im Universum, die mit Andeutungen operieren. Sie brauchen sie, damit sie über Sex reden können, ohne über Sex zu reden. Eine Andeutung macht man zum Beispiel, indem man am Ende des Satzes die Augen aufreißt, oder durch den cleveren Gebrauch von Anführungszeichen. Also: am Ende eines »Satzes« die »Augen« aufreißen. Siehe *Euphemismus*.

Angst Unvermeidbares Ergebnis des Nachdenkens.

Anwält/innen Auf der menschlichen Moralskala kommen sie nach Mördern und Versicherungsvertretern. Siehe *Gerechtigkeit*.

App Hilfsmittel zur Vermeidung von Langeweile, das allerdings den gegenteiligen Langzeiteffekt erzielt.

Architektur Die Gebäude auf der Erde sind *statisch* und *mit dem Boden verbunden*. Das ist der vorherrschende Architekturstil. Die geometrische Vorstellungskraft der Menschen ist überwiegend auf simple Formen beschränkt – Quadrat, Rechteck, Dreieck. Siehe *Quadrat*.

Astrologie Manche Menschen glauben, die Jahreszeit ihrer Geburt hätte Einfluss auf ihren Charakter und ihr Schicksal. Sie führen dies auf Sternenkonstellationen zurück, in denen ihre Urahnen eine Ähnlichkeit mit Tieren und Werkzeugen zu erkennen glaubten. Mancher sagt: »Er ist heute so bockig, weil er Widder ist«, oder »Sie ist so unentschieden, weil sie Waage ist.« Zwar wissen sie, dass die Astrologie jeder wissenschaftlicher Basis entbehrt, doch sowohl die menschliche Zeiteinteilung (Kalender) als auch die menschliche Sterneneinteilung (Sternbilder) sind natürlich attraktiv für eine Spezies, der jegliche Kontrolle über Zeit und Raum abgeht. Außerdem hilft ihnen der Glaube an Astrologie, so zu tun, als wären sie nicht nur imstande, das Chaos des Himmels zu zähmen, sondern auch die Anarchie der Existenz an sich.

Atmung Notwendige Daueraktivität. Siehe auch: *Anleitung zum Atmen auf dem Planeten Erde.*

Augenbrauen Haarige Linie am unteren Rand des Stirnbeins. Die Hauptfunktion der Augenbrauen besteht in der Unterstützung der Kommunikation, insbesondere in unglücklichen Ehen und Polizeiverhören.

Ausschweifung Verhalten, das aus der Liebe zum Genuss und dem Fehlen von Schuldgefühlen erwächst.

Äußeres Erscheinungsbild Das, wonach du beurteilt wirst.

Außerirdischer Du.

Autos Auf der Erde können sich Autos gewöhnlich nur auf dem Boden bewegen und sind von fossilen Brennstoffen abhängig. Dadurch produzieren sie mehr Lärm als ein startendes Raumschiff. In den Städten der Menschen sind sie nutzlos, da Verkehrsstaus im Stadtgebiet zu einer Durchschnittsgeschwindigkeit führen, die der eines strammen Fußmarschs entspricht. Gleichzeitig bieten Staus jedoch den Menschen die willkommene Gelegenheit zu meckern, was wiederum ihren Bedürfnissen sehr entgegenkommt. Interessanterweise sind Autos nicht-empfindungsfähige Einheiten, die keine eigenen Gedanken oder Träume haben.

B

Baum Große Pflanze, die aus einem Stamm, Ästen und Laub besteht. Bäume sind lebensnotwendig für das menschliche Dasein, da sie die Luft mit Sauerstoff versorgen und die Menschen mit Papier, skandinavischen Möbeln und schrecklichen Metaphern.

Befriedigung Unmöglicher Zustand. Siehe *Instinkt*.

Belletristik Wahrheit, die als Lüge verpackt ist. Siehe *Buch, Leben*.

Berühmtheit Eingebildete Erlösung. (Siehe Kasten.)

BERÜHMTHEITS-INDEX

1. FilmschauspielerInnen
2. FernsehschauspielerInnen
3. MilliardenerbInnen

4. Reality-Show-Stars
5. FernsehmoderatorInnen
6. SportlerInnen
7. UnternehmerInnen
8. Glamour-Models
9. Models
10. Popstars
11. FernsehköchInnen
12. Promi-FriseurInnen
13. TerroristInnen
14. Fernseh-Quizshow-ModeratorInnen
15. Mitglieder der königlichen Familie
16. PolitikerInnen
17. Stand-up-Comedians
18. ZeitungskolumnistInnen

...

5748. AnthropologInnen
5749. NeurowissenschaftlerInnen
5750. PhilosophInnen
5751. PhysikerInnen
5752. HirnchirurgInnen
5753. DichterInnen
5754. KartographInnen
5755. KalligraphInnen
5756. KeramikkünstlerInnen
5757. MenschenrechtsaktivistInnen
5758. TierschutzaktivistInnen

> 5759. AutorInnen von Kurzgeschichten
> 5760. LexikographInnen
> ...
> 42397. Glückliche Menschen ohne Ehrgeiz

Besinnungslosigkeit Die Annihilation der Gedanken. Seliger Geisteszustand, der durch den Konsum von Alkohol, Drogen oder Reality-Shows erreicht wird.

Bett Ort für Schlaf, Träume, Sex und Wahrheit.

Bibel Religiöses Buch, das wegen der langandauernden Auseinandersetzungen über sein Genre mehr Streitigkeiten auf der Erde ausgelöst hat als irgendein anderes Buch. Siehe *Christentum, Katholisch, Kirche, Protestantisch.*

Binär Die Liebe ist bei den Menschen ein binäres System. Ab drei Teilnehmern ist die Beziehung überfüllt.

Bio Früher tranken die Menschen Weihwasser, um sich rein zu fühlen. Heute trinken sie Bio-Smoothies.

Bombe Sprengkörper, oft in Kriegen und Revolutionen verwendet. Siehe *Buch*.

Boole'sche Algebra Zweig der menschlichen Mathematik, die zu nichts nutze ist, außer um beim Kartenspiel Geld zu gewinnen.

Böse Egoistisches Verhalten, das den egoistischen Zielen anderer im Weg steht. Siehe *Gut*.

Branding Ein Produkt mit einem abstrakten Konzept versehen, um es besser verkaufen zu können. Beispielsweise wird das Konzept der Jugend benutzt, um Gesichtsreiniger zu verkaufen, das Konzept der Männerfreundschaft, um Bier zu verkaufen, das Konzept kultivierter Intelligenz, um Literatur zu verkaufen, oder das Konzept kontaktfreudiger Selbstsicherheit, um bei einem Vorstellungsgespräch einen Menschen zu verkaufen.

Brücke Bauwerk, das physische Hindernisse wie Flüsse, Täler und Straßen überspannt, um einen Weg über das Hindernis zu ermöglichen. Beliebte Metapher der Menschen. Siehe *Liebe*.

Buch Die Menschen müssen Bücher *lesen*, indem sie sich hinsetzen und sich jedes Wort einzeln, eins nach dem anderen, ansehen. Für ein langes Buch – z.B. *Krieg und Frieden* oder *Philosophie des Abendlandes* oder *Don Quixote* – brauchen sie mehr als einen ganzen Tag.

Außerdem werden die Bücher auf der Erde in *Genres* unterteilt. Es gibt Liebesgeschichten. Und Krimis. Es gibt Bücher, die die Menschen lesen, um sich intelligent zu fühlen, und Bücher, die gelesen zu haben sie nie zugeben würden, damit keiner an ihrer Intelligenz zweifelt. Auch unterscheiden sie interessanterweise zwischen *Sachbuch* und *Belletristik*. Natürlich ist diese Unterscheidung zwangsläufig falsch, da die Existenz einer unendlichen Zahl von Paralleluniversen beweist, dass alles, was vorstellbar ist, irgendwo passiert. Und doch hängen die Menschen sehr an dieser Unterteilung in Bücher-über-Dinge-die-tatsächlich-passiert-sind und Bücher-über-Dinge-die-definitiv-nicht-passiert-sind. Die Unterscheidung tröstet sie, da sie die verbreitete menschliche Annahme stützt, Fantasie und Träume hätten nichts mit der Realität zu tun.

In Anbetracht der Langsamkeit, mit der Bücher konsumiert werden, ist auch ihre Masse ziemlich erschreckend.

Auf ihre typisch menschliche Art haben die Menschen viel zu viele Bücher geschrieben, als dass je einer von ihnen alle lesen könnte, und so landet das Lesen auf dem großen Haufen der Dinge, die den Menschen unzufrieden machen – zusammen mit Arbeit, sexueller Leistungsfähigkeit, Liebe, Status, Fernsehgewohnheiten, Online-Profil, Sport, Kindererziehung, Urlaub, Autofahren, Lebensmitteleinkauf, den Worten, die man nicht gesagt hat, als man sie unbedingt hätte sagen sollen, und vielem anderen mehr.

Buckelwal Die Menschen sind nicht die intelligenteste Spezies auf der Erde. Sie halten sich dafür. Aber das tun Lamas und Elefanten auch. Tatsächlich geht der Preis für die intelligenteste Kreatur auf der Erde an den Buckelwal. Eins seiner Lieder ist komplexer als Shakespeares gesammelte Werke. Außerdem hat er im Gegensatz zum Menschen begriffen, dass es weise ist, sich herauszuhalten.

C

Christentum Beliebteste Religion der Menschen, zum Teil weil sie ihren Anhängern Geschichten von Leuten bietet, die Babys bekamen, ohne vorher Sex zu haben, und starben, ohne zu sterben. Außerdem hat das Christentum die Bibel, von der es genug mögliche Interpretationen gibt, um jede menschliche Überzeugung und jedes Vorurteil zu bedienen. Siehe *Bibel*.

Coca-Cola Mit Kohlensäure versetztes extrem süßes Getränk mit einer Spur von Kalium. Sehr widerlich.

Computer Primitive Erdentechnologie. Computer treffen keine eigenen Entscheidungen. Das Äußerste, was man von ihnen erwarten kann, ist, dass sie einem Programm folgen. Sie stehen auf Tischen und Knien herum, summen und sirren, kaum mehr als Embryos dessen, was aus ihnen werden kann.

D

Debussy Ein Genie. Siehe *Schönheit, Musik*.

Demokratie Regierungsform, bei der alle Bürger des Landes das Recht haben, über ihre Regierung abzustimmen. Ein Problem der Demokratie ist, dass die Bürger eines Landes gewöhnlich Menschen sind. Ein weiteres Problem ist, dass die Optionen, unter denen sie wählen können, sehr begrenzt sind, und keine davon ihre Probleme wirklich lösen kann. Demokratie ist also in etwa so, als ginge man in einen Schuhladen und bekäme gesagt, man dürfe sich jeden Käse aussuchen, den man wolle. Das eigentliche Problem der Demokratie ist aber, dass es dabei um die Wahl von Politikern geht und dass nur sehr mittelmäßige Menschen Politiker werden wollen. Siehe *Politik*.

Depression Ansteckende Krankheit. Logische Endstation jedes Menschen mit überdurchschnittlicher Intelligenz. Siehe *Irrsinn*.

Design Weil die Menschen sterben, mögen sie Dinge, die entweder neu sind oder sehr, sehr alt. Sehr, sehr alte Dinge helfen ihnen, an die Ewigkeit zu glauben, während neue Dinge ihnen helfen zu glauben, ihr Geist – wenn auch nicht ihr Körper – sei immer noch lebendig und jung. Also ist gutes Design entweder sehr, sehr alt (klassizistische Architektur, Kathedralen, Sandalen, Triptychen, Togen) oder so neu wie ein neugeborenes Baby. Alles, was aus den Kinderschuhen herauswächst, hat seine Niedlichkeit verloren und wird als hässlich und altmodisch empfunden, da es die Menschen an ihre Sterblichkeit erinnert. Eine treffende Übersetzung von »Designer« wäre also »der den Tod fürchtet«. Entsprechend haben die Menschen mit der größten Todesangst die schicksten Teller/Hosen.

Diazepam Menschliches Medikament gegen die Symptome von Angst und Depression. In der Darreichungsform erinnern sie an Wortkapseln, aber wären sie Wortkapseln, hätten sie nur einen kurzen Text, und der lautete: »Dein Gehirn besteht jetzt aus Leere.« Siehe *Angst*, *Depression*.

Dickinson, Emily Eine Dichterin. Eine besonders gute. Siehe *Tod*.

Druck Die Menschen reden ständig davon, dass sie unter Druck stehen. Gewöhnlich meinen sie damit nicht den atmosphärischen Druck oder die Schwerkraft. Normalerweise reden sie von dem Druck von zu vielen unbeantworteten E-Mails oder einer Tabelle, die sie schon letzten Freitag hätten fertigstellen sollen. Was sie aber eigentlich meinen, wenn sie von Druck reden, ist: »Als ich elf war, glaubte ich wirklich, ich könnte Astronaut, Stuntman oder wenigstens Graphikdesigner werden, und jetzt bin ich neununddreißig und nichts von all dem.«

E

Ehe »Bund der Liebe«, was bedeutet, zwei Menschen, die einander lieben, bleiben für immer zusammen. Andererseits kann der Bund durch etwas, das sich »Scheidung« nennt, auch wieder gelöst werden, was bedeutet, dass die Ehe, logisch betrachtet, sinnlos ist. Das Traurige ist, die Menschen glauben, sie hätten eine konsistente »Persönlichkeit«, die über die Jahre mehr oder weniger gleich bleibt, bis auf den Prozess einer langsamen, sanften Reife. Sie machen sich nicht klar, dass die Person, die sie am Samstag heiraten, am Donnerstag darauf vielleicht eine völlig andere ist, von dem, was in zehn Jahren ist, gar nicht zu reden. Ein Mensch ist nicht nur eine Person. Er/sie ist zehntausend Personen. Und doch verlieben sich die Menschen im Allgemeinen in genau eine dieser Personen (oder höchstens in zwei oder drei davon) und geraten in Schwierigkeiten, sobald die anderen neuntausendneunhundertneunundneunzig Versionen ihrer Frau/ihres Mannes auftauchen. Trotzdem ist die Ehe nach wie vor ein beliebtes Konzept. Siehe *Hochzeit*.

Ehebruch Das, was dabei herauskommt, wenn verheiratete Menschen den Rat von Eltern, Lehrern und Karrierecoachs befolgen. (»Hör auf zu träumen. Werd endlich aktiv.«)

Ehre Ein Wort.

Ehrgeiz Zustand des ewigen *Wollens*, entstanden durch mangelnde Elternliebe/Akzeptanz seitens der Bezugsgruppe.

Eifersucht Eifersucht ist beim Menschen stärker ausgeprägt als bei jeder anderen Spezies im Universum. Es ist weit mehr als das Gefühl von Rivalität, das wir zuweilen spüren. Weit, weit mehr. Dieses Gefühl ist im Vergleich mit der menschlichen Eifersucht nur ein leichter Anstieg an Strahlungswärme. Die menschliche Eifersucht ist dagegen ein Gamma-Strahlen-Ausbruch, der den Menschen durchfährt und alles verzehrt, was ihm in den Weg kommt.

Einbildung Die weisesten Worte, die je ein echter Mensch geschrieben hat, ein toter

Schrifteller namens Miguel de Cervantes, lauten: »Gebt wohl acht, Herr, was Ihr tut, denn was wir dort sehen, das sind keine Riesen, sondern Windmühlen.«

Einmal So oft es möglich, im Namen der Forschung etwas Angenehmes zu tun. Siehe *zweimal*.

Einsamkeit Auf der Erde, weit weg von der eigenen Spezies, können starke Einsamkeitsgefühle aufkommen. Aber du bist nicht so einsam, wie es scheint. Nichts ist wirklich einsam. Manchmal ist es nur schwer, Verbindungen zu finden. Die Menschen fühlen sich oft einsam. Sie scheitern ständig, Verbindungen zu sehen. Auch wenn sie nicht wie du 436 685 472 Lichtjahre von zu Hause entfernt sind, fühlen sie sich manchmal so. Siehe *Alleinsein*.

Entfernung Die Erde ist kein besonders großer Planet, und die Menschen verlassen ihn so gut wie nie. Trotzdem ist ständig die Rede davon, wie weit weg alles ist. 20 000 Kilometer klingt für einen Vonnadorianer nach einem Katzensprung, aber für den Menschen ist es eine beträchtliche Entfernung. Das ist wichtig.

Wenn du in England bist und mit jemandem in Australien sprichst, frage nicht, ob du am Nachmittag vorbeikommen kannst, denn das geht nicht. Auch das schnellste Verkehrsmittel – das Flugzeug – braucht einen Tag und eine Nacht, um die Erde zur Hälfte zu umrunden. Leider verfügen die Menschen nicht über die Anti-Materie-Technologie. Wenn sie irgendwohin wollen, müssen sie die ganze Strecke buchstäblich mit ihrem Körper zurücklegen. Daher kommen sie kaum über Schallgeschwindigkeit hinaus, geschweige denn über Lichtgeschwindigkeit. Materie bleibt Materie, und egal, wo die Menschen hinwollen, ihre geschwindigkeitsresistente Atommasse werden sie nicht los.

Entscheidung Wenn ein Mensch sagt: »Ich habe eine Entscheidung getroffen«, ist er kurz davor, sehr schlechte Neuigkeiten zu verkünden.

Enttäuschung Standardeinstellung.

Erde Kleiner, unbedeutender blauer Punkt in einem einsamen Sonnensystem in einer ziemlich mittelmäßig wirkenden Galaxie. Eine nasse, mit Wolken verschmierte Kugel. In der Weite des Weltraums findet sich wohl kaum etwas weniger Anheimelndes. Und doch gibt es unendliche Wunder hier, Wunder, die zu entdecken gar nicht leicht ist, selbst wenn man dasteht und sie direkt vor Augen hat.

Erdnussbutter Köstliches Nahrungsmittel. Passt auch sehr gut zu Weißwein. Lass dir von niemandem etwas anderes einreden.

Erinnerung Von der Vergangenheit inspiriertes Fantasiegebilde. Siehe *Geschichte*.

Erlösung Um dir eine Vorstellung davon zu geben, wie gestört die Menschen sind: Sie haben immer geglaubt, ihre Existenz sei ein Zustand, aus dem sie erlöst werden müssen. Dementsprechend ist die Erlösung das Hauptargument der meisten großen Religionen. Siehe *Werbung*.

Erröten Wenn sich Menschen in der Öffentlichkeit schämen, erröten sie häufig, das heißt, ihre Wangen färben sich rosa bis rot. Es gibt zwei mögliche Gründe dafür, dass im menschlichen Körper Blut plötzlich verstärkt in bestimmte Regionen strömt: die Fortpflanzung oder das Überleben. Da das Erröten meistens nicht wesentlich für die Fortpflanzung ist, liegt es leider nahe, dass wir eine Spezies vor uns haben, für die Scham etwas Lebensbedrohliches sein kann. Siehe *Scham, Suizid*.

Euphemismus Eine Art sprachlicher Code. Zum Beispiel wenn ein Mensch am Telefon zu seiner Mutter sagt: »Hmm, das ist interessant«, und meint: »Ich werde dir nie verzeihen, dass du mir immer das Gefühl gegeben hast, weniger wert zu sein als meine Geschwister.«

F

Falte Permanente Linie in der Haut. Einst ein Zeichen von Alter und Weisheit, doch seit dem Verfall dieser Werte hat sich das Vermeiden und Beseitigen von Falten zu einer Multi-Milliarden-Dollar-Industrie entwickelt.

Fantasie Der einzige Ort, an dem Freiheit eine Chance hat.

Fenster Die Fenster hier bestehen aus einem amorphen Feststoff auf Siliziumbasis, der »Glas« genannt wird. Und statt einfach hindurchgehen zu können, schlägt man sich schmerzhaft die Nase an und gibt damit jedem Menschen, der zufällig zusieht, Anlass zu größter Heiterkeit. Tatsächlich findet der Mensch nichts lustiger als den Anblick einer Person, die irgendwo hineinstolpert und eine böse Überraschung erlebt. Das ist nicht nur bei Fenstern der Fall, sondern auch bei Schlaglöchern, Tierkot, Gesprächen mit Telefonverkäufern, Klassentreffen, Billighotels, dem Anlagemarkt, Online-Dating, Familienfeiern, Postgraduierten-Seminaren zur Kritischen Theorie, Ehen, medizinischen Routineuntersuchungen, Vorstellungsgesprächen und Weltsichten, die auf den ersten Blick schlüssig erscheinen. Die perfekte Metapher für die menschliche Existenz wäre eine Person, die versucht, einen kleinen durchsichtigen Raum zu verlassen, und niemals das Glas sieht, bevor es zu spät ist.

Fernbedienung Ursprünglich sollten Fernbedienungen den Leuten die Mühe ersparen, fünf Schritte durchs Zimmer zu gehen, um den Fernseher anzustellen. Was auch gut funktioniert hat, bis sie auf die Idee kamen, pro Fernseher im Schnitt drei Fernbedienungen zu brauchen, von denen immer eine verschwunden ist, so dass man typischerweise ein Minimum von zehn Schritten auf der Suche danach zurücklegen muss. Eine sehr brauchbare Metapher für alle Formen des menschlichen Fortschritts. Siehe *Fortschritt, Technik*.

Fernsehen Telekommunikationsmedium, das bewegte Bilder von Satelliten in der Erdumlaufbahn empfängt und überträgt. Damit ist das Fernsehen auch die Hauptquelle, aus der andere Planeten ihre Informationen über die Menschen ziehen, was dazu führt, dass zum Beispiel die Ipsoiden davon überzeugt sind, die Menschheit sei eine Spezies, die sich einer schmeichlerischen Gottheit namens L'Oréal als Sklaven unterworfen habe.

Film Unterhaltungsform, die zwei Stunden dauert und von Erlösung und der Möglichkeit von Veränderung erzählt.

Fitnessstudio Folterkammer mit willigen Freiwilligen.

Fluchen Für Menschen sind Regeln und Grenzen so wichtig, dass es nicht nur verbotene Orte und verbotene Dinge gibt, sondern auch verbotene Wörter. Die Wörter beziehen sich gewöhnlich auf Sex, Körperöffnungen und Dinge, die aus Körperöffnungen herauskommen. Um die Sache weiter zu komplizieren, gibt es auch erlaubte Ausdrücke für dieselben mit Scham besetzten Körperstellen. Zum Beispiel darf man mit dem Arzt über Penis, Vagina oder Anus sprechen, nicht aber über Schwanz,

Fotze oder Arschloch, obwohl das Bezeichnete dasselbe ist.

Fluorid Die Menschen verteilen es unglaublicherweise in ihrem Mund, um die Zähne zu reinigen. Ja, ich weiß. Siehe *Titan*.

Fortschritt Der beliebteste Mythos der Menschen. Siehe *Realität*.

Fotze Das schlimmste Schimpfwort der Menschen bezeichnet ihren Ursprung. Das sagt viel. Siehe *Fluchen*.

Freiheit Größerer Käfig.

Fremd Bei den Menschen ist das Konzept des Fremden völlig anders als bei uns. Es meint nicht einfach etwas von außerhalb ihres Universums, ihrer Galaxie oder ihres Sonnensystems. Es meint oft nicht einmal eine andere Spezies. Nein. Wenn Menschen von Fremden – oft auch: Ausländern – sprechen, meinen sie andere Menschen, die sich hauptsächlich dadurch von ihnen unterscheiden, dass sie in einem anderen Land leben. Selbst wenn dieses Land nur ein paar Kilometer oder Minuten entfernt ist, scheint das menschliche Bedürfnis nach territorialen und psychologischen Grenzen so groß zu sein, dass zum Beispiel ein englischer Mensch einen französischen Menschen ohne weiteres als Fremden empfinden könnte. Es spielt keine Rolle, dass bei beiden das Spektrum der Gefühle und Bedürfnisse praktisch identisch ist. Was eine Rolle spielt, ist, dass der »Fremde« andere Worte für die gleichen Gefühle benutzt, eine andere Landesflagge hat und Kuhfleisch auf andere Weise zubereitet.

Der Wunsch, in Vertretern der eigenen Spezies »Fremde« zu sehen, ist für den Menschen wesentlich, da dies Kriege ermöglicht. Ja, sogar wahrscheinlich macht. Und obwohl sie lautstark behaupten, sie hätten etwas gegen Krieg, belegen ihre Taten das Gegenteil.

Um den grotesken Begriff des »Fremden« zu erfassen, empfehle ich einen Blick in die Nachrichten der Menschen. Wenn bei einem Naturereignis, etwa einem Erdbeben oder einem Tsunami, 100 000 Menschen ums Leben kommen, handelt die Hälfte der Berichterstattung von den 12 Personen, die aus dem Land stammen, in dem die Nachrichtensendung produziert wird.

Das ist entweder sehr fragwürdige Mathematik oder sehr fragwürdige Moral. Wenn die Ereignisse von Menschenhand gemacht sind – Krieg zum Beispiel –, wird die Mathematik noch einseitiger. Der Tod einer Handvoll menschlicher Soldaten, die aus dem Land des Nachrichtensenders stammen, wiegt 100 000 »Fremde« aus dem vom Krieg verwüsteten Land auf.

Die Grenzen der Empathie dieser Spezies sind erstaunlich, außer man ist ein Hund, insbesondere ein niedlicher, dann hat man nichts zu befürchten. Aber du bist kein Hund, und käme je ein Mensch dahinter, wie fremd du wirklich bist, würde er mit größter Wahrscheinlichkeit versuchen, dich zu töten, und wenn du dann tot bist, wäre die Rede von einer schrecklichen Tragödie, an der du aber im Grunde selbst schuld warst. Siehe *Immigranten, Nachrichten, Xenophobie*.

Freund Jemand, der dir die Wahrheit sagt. Wird oft mit »Feind« verwechselt.

Freundlichkeit Liebe auf kleiner Flamme.

Fuck Das häufigste und vielseitigste unter den Schimpfwörtern. Es lässt sich – in leichter Abänderung – als Nomen, Verb, Adverb und Adjektiv benutzen. Es bedeutet »Sex«, den angenehmsten – und damit schockierendsten – Aspekt des menschlichen Alltagslebens.

FundamentalistIn Mensch, der so sehr an sich selbst zweifelt, dass er alle hasst, die an ihren Zweifel glauben. Außerdem jemand, dem jedes Verständnis fehlt für den Sinn von Allegorien, Fabeln oder der mehrdeutigen menschlichen Poesie in religiösen Texten. Beziehungsweise im Leben.

G

Gebet An Gott gerichtete Nachricht eines Menschen, der verblendet genug ist zu glauben, dass Gott, falls es ihn gäbe, nichts Besseres zu tun hätte, als sich mit irgendjemandes Prüfungsnoten zu befassen.

Geduld Stille Wut.

Genitalien Vorausgeschickt sei, dass Männer und Frauen nicht die gleichen Genitalien besitzen. Der Mann hat ein Skrotum und einen Penis, deren Aussehen schwer zu beschreiben ist, es sei denn du warst schon mal auf Traharaha am westlichen Rand der Lomar-Galaxie, in welchem Fall ich nur sagen kann: das Gesicht eines Ipsoiden.

Die weiblichen Genitalien sind komplexer. Sie bestehen aus einer Klitoris, einer Vagina und Schamlippen. Anders als beim Mann, wo es nur eine Genitalöffnung gibt (die Urethra), gibt es bei der Frau zwei Öffnungen (die Urethra und die Vagina). Die weiblichen Genitalien sind weniger sichtbar, da sich der größere Teil im Körperinnern befindet.

Eine Gemeinsamkeit von männlichen und weiblichen Genitalien ist eine beträchtliche Menge von hochsensitiven Nervenenden, weswegen ihre Berührung höchst freudvolle Gefühle auslösen kann.

Wegen dieser Freude schämen sich die Menschen für ihre Genitalien und bedecken sie in der Öffentlichkeit meistens. Jedem, der menschliche Form annimmt, rate ich dringend, das Gleiche zu tun, denn das Entblößen von Penis oder Vagina vor anderen Menschen kann dazu führen, verhaftet und eingesperrt zu werden. An sich nachvollziehbar, da die Genitalien wahrhaftig nicht schön sind, vor allem das männliche, andererseits sind sie auch nicht hässlicher als die menschlichen Ohren oder Nasen. Trotzdem ist es seltsam, dass die Körperteile, denen sie ihre Existenz verdanken, den Menschen so viel Scham und Peinlichkeit bereiten. Die Dinge werden verdrängt und in Euphemismen kanalisiert. So drückt der männliche Mensch sein sexuelles Interesse an einem anderen Menschen selten durch das Entblößen der Genitalien aus (und wenn, dann meist erfolglos). Stattdessen kauft er die Sexualorgane blütentragender Pflanzen und bietet sie dar, und die Botschaft wird verstanden, ohne als anstößig empfunden zu werden.

Gerechtigkeit Das Rechtssystem ist eins der Dinge, das die Menschen stolz als nur den Menschen zugehörig betrachten, dabei ist es die schlichte Manifestation zweier grundlegender animalischer Instinkte: Heilung und Vergeltung.

Geruch Der geheimnisvollste der menschlichen Sinne. Siehe *Nase*.

Geschichte Auf der Erde wird Geschichte nicht als Zweig der Mathematik betrachtet, was sie natürlich ist. Auffällig ist, dass die Geschichtswissenschaften, ähnlich wie die Nachrichten, ein künstlich eingeschränktes Feld sind – es geht dabei nämlich um die Geschichte von 0,0 000 001 Prozent der toten männlichen Menschen.

Glück Das Elend des menschlichen Lebens ist nicht konstant. Es wird schlimmer, je älter man wird. Geboren wird der Mensch mit

Babyfüßchen und -händchen und unendlicher Glückseligkeit, und dann verflüchtigt sich das Glück proportional zum Wachstum von Händen und Füßen. Ab der Teenagerzeit beginnt das Glück dem Menschen durch die Finger zu rinnen, und kaum fängt es zu rinnen an, gewinnt es an Masse, als würde die Erkenntnis, dass es zerrinnen kann, es noch schwerer zu halten machen, egal wie groß Füße und Hände sind.

Gold   Ausgerechnet Gold ist auf der Erde selten und sehr begehrt. Man verwendet es nicht wie bei uns für kostengünstige Dosenware und Abfallbehälter. Der durchschnittliche menschliche Körper enthält nur 0,2 Milligramm Gold, und genauso selten kommt es in der geographischen Landschaft vor. Es macht auch einen weiteren interessanten Aspekt der menschlichen Psychologie deutlich: Sie schätzen Dinge, nur weil sie selten, schwer zu finden oder unsichtbar sind. Siehe *Gott*.

Gott   Tröstliche Erfindung. Füllt eine Leere. Antwort auf schwierige Fragen. Er trägt einen langen weißen Bart und hat die Größe des Unwissens.

Gras Schmalblättrige krautartige Pflanze. Ist sie lang und wildwüchsig, darf man gewöhnlich frei darin herumlaufen. Ist sie gemäht, ist Vorsicht geboten. Ein sorgfältig gemähter Rasen ist für die Menschen ein machtvolles Symbol, das Ehrfurcht und Respekt erzeugen soll, vor allem in Verbindung mit autoritärer Architektur.

Gut Selbstloses Verhalten, das die selbstsüchtigen Ziele anderer fördert. Siehe *böse*.

Güte Eigenschaft, die die meisten Menschen zu besitzen glauben, während sie gleichzeitig erkennen, dass die meisten anderen Menschen sie nicht besitzen.

Gutgläubigkeit Noch bevor ich von Dingen wie Astrologie, Homöopathie, organisierter Religion und probiotischer Joghurts auch nur gehört hatte, war mir klar, dass die Menschen das, was ihnen an körperlicher Attraktivität fehlt, durch Gutgläubigkeit wettmachen. Man kann ihnen alles erzählen, solange man einen überzeugenden Tonfall anschlägt. Das heißt natürlich, alles außer der Wahrheit. Erzählt man ihnen die Wahrheit, riskiert man, ausgelacht zu werden.

H

Haar Wonach die Menschen den gesellschaftlichen Wert ihrer Mitmenschen beurteilen.

Hamlet Theaterstück um einen selbstmordgefährdeten jungen Prinzen, zu dessen Hobbys Redenhalten, Theater, Inzest, Selbstzweifel, Herumtrödeln und unangemessenes Verhalten auf Friedhöfen gehört. Prototypischer Mensch. Siehe *Shakespeare, Selbstmord*.

Hartnäckigkeit Wie die Religion ist die Menschheitsgeschichte ein Reigen deprimierender Phänomene wie Kolonisation, Krankheit, Rassismus, Sexismus, Homophobie, Snobismus, Umweltzerstörung, Sklaverei, Totalitarismus, Militärdiktaturen, Erfindungen von Dingen, denen die Menschen anschließend nicht gewachsen waren (die Atombombe, das Internet, das Semikolon), der Diffamierung kluger Menschen, der Vergötterung idiotischer

Menschen, Langeweile, Verzweiflung, periodischen Zusammenbrüchen und Katastrophen auf psychischem Gebiet. Und immer war das Essen grauenhaft.

Doch das Unglaubliche ist, während Weltreiche aufsteigen und fallen, Kriege und Gebiete gewonnen und verloren werden, während Wissen erlangt wird und erlischt und die Menschen beim Kampf um Gerechtigkeit und guten Geschmack immer wieder scheitern, machen sie einfach weiter. Sie lassen sich nicht kleinkriegen. Sie geben einfach nicht auf. Es drängt sich der Gedanke auf, dass darin etwas wahrhaft Bemerkenswertes ist.

Hässlich Am Anfang sieht hier alles hässlich aus. Aber vergiss nicht, Hässlichkeit ist oft Schönheit, die man noch nicht versteht.

Heldentum Handlung, bei der Egoismus der Spezies über den Egoismus des Individuums gestellt wird.

HeuchlerIn Synonym für Mensch.

Himmel Einer der Gründe – eigentlich der Hauptgrund –, warum die Menschen gern an

Religion glauben, ist, dass sie die Vorstellung von einem Leben nach dem Tod tröstlich finden. Aber da die Menschen nun mal Menschen sind, finden sie, dass nicht alle das gleiche Leben nach dem Tod haben sollten. Sie teilen auch das Leben nach dem Tod in ein Klassensystem ein, ein Drei-Stufen-Modell, wobei die höchste Stufe der Himmel ist. Das Problem ist, weil nur die »Guten« in den Himmel kommen, ist es unfassbar langweilig dort, da »Gutsein« nach der menschlichen Definition den Verzicht auf Vergnügen bedeutet. Der Himmel ist also ungefähr so wie das Leben, nur vor einem weißen Hintergrund und ohne die erfreulichen Teile. Siehe *Sünde, Gott*.

Hochzeit Zeremonie der Eheschließung. Von Schriftstellern als Endpunkt von Märchen und als Ausgangspunkt von Tragödien und Psychodramen benutzt.

Hoffnung Anders als bei mathematisch verständigeren Spezies gibt es bei den Menschen viele Leute, die sich mit der Wahrscheinlichkeit anlegen. Manche haben Erfolg, die meisten scheitern, aber das hält sie nicht ab. Egal, was man sonst über diese Lebensform sagen

, sie sind *hartnäckig*, das muss man ihnen ... . Und der Grund dafür ist, dass sie etwas besitzen, das sich Hoffnung nennt.

Hoffnung ist der Glaube an die Möglichkeit eines positiven Ausgangs, auch wenn es erdrückende Beweise dagegen gibt. Hoffnung ist naturgemäß immer irrational. Hoffnung ist nicht logisch. Wäre sie logisch, hieße sie *Logik*. Aber Hoffnung ist anstrengend, und was dem Menschen an Intelligenz oder mathematischem Verständnis fehlt, macht er dadurch wett, dass er sich anstrengt. Oder, wie Emily Dickinson sagen würde:
Ein gefiedertes Wesen ist die Hoffnung,
Das in der Seele hockt –
Und Lieder ohne Worte singt –
Und niemals aufhören wird damit.
Siehe *Hartnäckigkeit*.

Homöopathie Zweig der Medizin, der von besonders einfältigen Menschen praktiziert wird.

Hund Vierbeiniges haariges Säugetier, vom Menschen geliebt und als Haustier gehalten. Evolutionär betrachtet dürften Hunde gar nicht existieren. Sie sollten Wölfe sein. Wölfe waren edle Tiere, die sich zu Rudeln zusammenrotteten, um zu jagen. Bis sie eines Tages den Fehler machten, das Gleiche für den Menschen zu tun. Und der Mensch dankte es ihnen, indem er sie zähmte, domestizierte und sie um Hundekuchen betteln ließ. Kurz gesagt, ein Hund ist ein Wolf ohne die Würde. Siehe *Katze*.

I

ImmigrantIn An sich gibt es zwei Kategorien von Immigranten. Der eine zieht aus Not in ein neues Land, weil er kein anderes Mittel hat, seine Familie zu ernähren oder sich vor Gewalt oder dem Tod zu schützen. Und es gibt den, der sein Land nicht verlassen müsste, aber lieber an einem wärmeren Ort leben möchte. Als ImmigrantIn wird man im allgemeinen besser behandelt, wenn man zur letzteren Kategorie gehört, weil die Menschen den Luxus der Wahl mehr respektieren als die Notwendigkeit des Überlebens. Siehe *Fremd, Luxus*.

Individuum Wofür sich der Mensch hält. Mythos, erschaffen von Kapitalismus und schlechter Lyrik.

Information Ware, die im Überfluss vorhanden ist. Siehe *Wissen*.

Instinkt Die menschlichen Instinkte scheinen speziell darauf ausgerichtet, den Menschen daran zu hindern, jemals zufrieden zu sein. So sehnt sich der Mensch nach Sicherheit, aber auch nach Aufregung. Eltern haben den Instinkt, ihr Kind zu erziehen, aber wenn ein Kind erfolgreich erzogen ist, wird es seine Eltern am Ende hassen. Die Menschheit hat den Instinkt, Technologien zu entwickeln, die am Ende ihr Verhängnis sein werden.

J

Jesus Gründer des Christentums. Missverstandener Sozialist/Magier mit guten Absichten und einem besonderen Talent für Motivationsreden.

Journalismus Das Gegenteil von Poesie. Siehe *Emily Dickinson*.

K

Kannibale Mensch, der andere Menschen frisst. Siehe *Kritiker*.

Kapitalismus Versagen der Liebe. Siehe *Wirtschaft*.

Karriere Überholtes Konzept der Beschäftigung.

Katholisch Zweig des Christentums für Menschen mit einer Vorliebe für warmes Wetter, Blattgold, Latein und Schuldgefühle. Siehe *Protestantisch*.

Katzen Wie Hunde, aber kleiner und mit weit stärker ausgeprägtem Selbstbewusstsein. Siehe *Hund*.

Kino Ort, an dem die Andacht im Dunkeln stattfindet. Siehe *Kirche*.

Kirche Gott ist überall auf der Erde, aber anscheinend besonders in Kirchen, weswegen die Menschen dorthin gehen, um mit ihm zu sprechen. Siehe *Christentum, Protestantisch, Katholisch.*

Klassensystem Das Bedürfnis der Menschen, sich anderen überlegen zu fühlen, gilt nicht nur in Bezug auf andere Tiere, sondern auch auf andere Menschen, weswegen sie das Klassensystem erfunden haben. Früher war das Klassensystem der Menschen ganz einfach. Ein Mensch gehörte zur Arbeiterklasse, wenn er in einer Fabrik arbeiten musste, zur Mittelschicht, wenn er nicht in einer Fabrik arbeiten musste, und zur Oberschicht, wenn er überhaupt nicht arbeiten musste. Da heute nur noch Roboter und die Menschen in Indonesien in Fabriken arbeiten müssen, hat sich ein neues System entwickelt, das auf komplexeren Dingen basiert, etwa, was die Menschen gern im Theater sehen, wohin sie in Urlaub fahren, was für einen Küchenboden sie haben und ihre Meinung zu Chardonnay.

Kleidung Kleidung funktioniert so: Es gibt eine untere Schicht und eine äußere Schicht.

Die untere Schicht besteht aus »Unterhosen« und »Socken«, welche die geruchsintensiven Bereiche – Genitalien, Gesäß und Füße – bedecken. Optional ist das »Unterhemd«, das den etwas weniger mit Scham besetzten Brustbereich bedeckt. Zu diesem gehören reizempfindliche Hautausstülpungen, die Brustwarzen genannt werden.

Noch wichtiger als die untere Schicht der Kleidung ist die äußere. Diese Schicht bedeckt 95 Prozent des Körpers und lässt nur Gesicht, Kopf, Haar und Hände frei. Die äußere Kleidung dient dazu, Geschlecht, Status oder Beruf des Trägers zu kennzeichnen. Geschäftsleute tragen zum Beispiel teure Anzüge, Polizisten dunkelblaue Uniformen und Schriftsteller schlabbrige Bademäntel. Man sollte sich immer darüber im Klaren sein, dass unabhängig von Wetter und Bequemlichkeit das Nicht-Tragen von Kleidung an den meisten Orten der Erde eine Straftat darstellt. Die Lektion, die die Menschen einander vom frühesten Kindesalter erteilen, ist einfach: Geh wieder rein und zieh dir was an, wenn du akzeptiert werden willst.

Konjunktiv Die Menschen verschwenden viel von ihrer Zeit – fast alles sogar – mit Hypothesen. Ich könnte reich sein. Ich könnte berühmt sein. Ich hätte vom Bus überfahren werden können. Ich hätte mit weniger Leberflecken und größeren Brüsten zur Welt kommen können. Ich hätte in meiner Jugend Fremdsprachen lernen können. Man kann wirklich sagen, dass sie den Konjunktiv häufiger benutzen als jede andere Lebensform im Universum.

Kontext Alles im Leben der Menschen hängt vom Kontext ab. Es gibt nichts, das bei jeder Gelegenheit richtig wäre. Überall auf der Erde gibt es Sauerstoff in der Luft, aber das ist auch ziemlich das einzig Beständige. Alles andere – Liebesgedichte lesen, eine Wiese betreten, einen Bikini tragen – ist nur vertretbar, wenn der Kontext stimmt.

Krankenhaus Ort, wo die Menschen den Grenzen ihrer Sterblichkeit/geistigen Gesundheit begegnen. Der schrecklichste aller Orte.

KritikerIn Jemand, der festgestellt hat, dass Henker und Hexenjäger nicht mehr nachgefragt werden, und den nächst besten Beruf ergriffen hat.

Kritische Theorie Rätselspiel, beliebt unter Professoren. Siehe *Professor, Universität*.

Kuh Säugetier. Domestizierter Vielzweckpaarhufer, der den Menschen als All-in-One-Shop für Nahrung, flüssige Erfrischungen, Dünger und Designerschuhe dient.

KünstlerIn Mensch, der die Lächerlichkeit des Menschseins erkennt und darüber schreibt, singt, malt, baut, formt, filmt, schauspielt, spielt oder weint.

Küssen Zum Küssen gehören zwei Münder. Es hat einen merkwürdigen Effekt auf den Magen, in dem es anfängt zu kribbeln, und das Herz, das schneller schlägt. Die Wirkung ähnelt der von Angst. Es treten alle Symptome der Angst auf, aber es ist ein wohliges Gefühl. Eine angenehme Gefahr. Man könnte das Küssen mit einer genussvollen Art des Essens vergleichen. Doch statt Sättigung löst das Küssen noch mehr Appetit aus. Die Nahrung ist nicht materiell, sie hat keine Masse und scheint sich doch in köstliche Energie umzuwandeln. Siehe *Liebe*.

L

Lachen Der Klang, wenn Wahrheit auf Lüge trifft.

Langeweile Zustand, der parallel zur Entwicklung der Unterhaltungsindustrie weiter um sich greift.

Laub Grünes Zeug, das an Bäumen wächst.

Leben Lüge, die als Wahrheit verpackt ist. Siehe *Lüge*.

Leonardo da Vinci Vonnadorianischer Bürger 4362. Hat während der italienischen Renaissance eine Zeitlang auf der Erde gelebt.

Lexikographie Die sinnlose menschliche Praxis, Wörter in alphabetischer Reihenfolge aufzulisten und dazuzuschreiben, was sie bedeuten. Das Buch, das du vor dir hast, ist ein Beispiel dafür.

Liebe Entschädigung für die Sterblichkeit.

Löwe Großes wildes Tier. »Wenn ein Löwe sprechen könnte, wir könnten ihn nicht verstehen«, hat ein Philosoph der Menschen namens Ludwig Wittgenstein gesagt. Er irrt sich. Die Löwen sagen fast genau das Gleiche wie die Menschen, allerdings ohne sich ständig auf das Internet zu beziehen und mit etwas mehr Empathie.

Lüge Lügen haben auf der Erde einen sehr schlechten Ruf – völlig unverdient, da die meisten zwischenmenschlichen Beziehungen ohne sie innerhalb von sechs Minuten kaputtgehen würden.

Luxus Die Spezies Mensch ist dermaßen unpraktisch veranlagt, dass die am teuersten gehandelten Dinge auf der Erde Dinge sind, die ein Mensch nicht braucht und für die er auch keine Verwendung hat.

M

Mars Der nächste Nachbar der Erde. Eine winzige rote Mikrosphäre, ehemals Heimat der Marsianer, bis sie wegen Dehydrierung, Eisenoxid-Vergiftung und sexueller Neugier auswanderten.

Marx Ein schlauer Mann, der trotzdem die menschliche Gesellschaft für ein Diagramm hielt, das verändert werden kann, indem man es umdreht.

Material Die meisten lebenden Wesen im Universum setzen sich im Wesentlichen aus den gleichen Bestandteilen zusammen. Selbst so absonderliche, fremdartige Wesen wie die Menschen. Man muss nur die Anteile der Zutaten verändern – Sauerstoff, Kohlenstoff, Wasserstoff, Stickstoff, Phosphor, Kalzium und so weiter –, und schon kommt etwas einzigartig Hässliches heraus. Wir Vonnadorianer zum Beispiel haben viel mehr Lithium in uns – und

Bismut und Zirkonium –, während die Menschen besonders viel Kalzium aufweisen, woraus ihre Knochen und Zähne bestehen. Trotzdem darf man beim Anblick eines Menschen nicht vergessen, dass man sich – irgendwie – selbst ansieht. In einer anderen Mischung.

Mathematik Mathematisches Wissen und Verständnis sind auf der Erde noch auf einem relativ niedrigen Stand (unglaublich, aber wahr: Die meisten Menschen sind immer noch ratlos, was die Verteilung der Primzahlen, hyperbolische Geometrie und Parkettierungen mit unregelmäßigen Polygonen betrifft). Der Grund dafür ist, dass die Menschen dem Wahnsinn anheimfallen, sobald sie ein komplexeres mathematisches Problem lösen.

MathematikerIn Tapferer, närrischer Mensch, der den eigenen Wahnsinn und den Niedergang der Zivilisation riskiert.

Mehrheit Große Gruppe von Menschen, die sich irren. Siehe *Demokratie*.

Mensch Zweibeinige Lebensform von mittelmäßiger Intelligenz, die aus siebentausend

Billionen Billionen Atomen besteht. Auf den ersten Blick von abstoßendem Äußeren. Menschen haben viele, viele Ideen, die über ihren Horizont hinausgehen – zum Beispiel Raumfahrt und postmoderne Philosophie –, und sind extrem gefährlich für sich und andere. Sie werden sterben und wissen es auch, aber sie können nichts dagegen tun. Außer zu lieben. Das ist ihr einziger ganz und gar positiver Wesenszug. Und eigentlich reicht er auch. Siehe *Liebe*.

Mode Mode ist ein sehr menschliches Konzept, nämlich der Prozess, etwas in einem Jahr schön zu finden, im nächsten hässlich, und ein oder zwei Jahrzehnte später wieder schön. Siehe *Kleidung*.

Monarchie Menschen brauchen Leute, zu denen sie aufsehen können, aber sie fühlen sich nicht gern dumm. Also haben sie ein System erfunden, in dem Leute, die kein Anzeichen von überlegener Intelligenz aufweisen, sehr viel Macht und spezielle Privilegien bekommen. Irgendwann fiel ihnen auf, dass sehr viel Macht ein bisschen gefährlich sein kann, und sie haben diesen Teil wieder zurückgenommen.

Mond Die Erde hat nur einen Mond. Er ist ohne Leben und ein romantisches Symbol.

Monogamie Da die Menschen noch nicht über die Technologie der Gedankenübertragung verfügen, glaubt man auf der Erde noch an die Möglichkeit der Monogamie.

Moral Die meisten Menschen würden sich selbst als moralische Wesen beschreiben, aber das Problem ist, dass es keine zwei moralischen Überzeugungen gibt, die deckungsgleich sind. Manche Leute zum Beispiel halten Sex vor der Ehe für unmoralisch, was andere völlig albern finden, die aber vielleicht Sex *außerhalb* der Ehe für unmoralisch halten. Für wieder andere ist nur Sex außerhalb des Hauses unmoralisch.

Die menschliche Moral ist wie die Landkarte eines unerforschten Territoriums. Linien und Grenzen werden früh gesetzt, doch wenn der Mensch auf das Erwachsenenalter zugeht, übertritt er die Grenzen und stellt fest, dass die Landkarte größer und weiter ist als angenommen. Plötzlich findet er sich auf fremdem Gebiet wieder und muss seine Identität überdenken. Oft macht dies den Menschen traurig und lässt ihn mit zunehmendem Alter verbittern.

Möglichkeiten Mensch zu sein bedeutet, über eine Vielzahl von Möglichkeiten zu verfügen, denn die Menschheit umfasst ein breites Spektrum. Man kann traurige Liebesgedichte in Brooklyn schreiben oder in Paraguay Tabak rollen. Man kann in Santa Lucia ein Hotel aufmachen oder mit dem Moped durch Dänemark fahren oder in Singapur Wertpapiere verkaufen. Man kann einen Norweger klonen und Literaturkritiker in Oslo werden, in Bukarest Waffen verkaufen, in München Bier trinken oder in Ochotsk Regenbogenstinte angeln. Man kann sich aber auch in São Paulo für die Umwelt einsetzen, Elektroingenieur in Kroatien werden oder in Kuba im Nickelbergbau arbeiten. Man kann sich als Student in Madrid in Lorca und der Biblioteca Nacional de España verlieren. Die Menschheit ist ein riesiger Raum. Die Möglichkeiten sind schwindelerregend.

Morgen Der Morgen ist hart auf der Erde. Das Hauptproblem ist, dass so viel zu erledigen ist, bis man vorzeigbar ist. Typischerweise verrichtet der Mensch am Morgen folgende Aufgaben: Er oder sie steht aus dem Bett auf, geht auf die Toilette, duscht, wäscht sich die Haare, lässt eine Spülung einwirken, rasiert sich möglicherweise, benutzt Deodorant, putzt sich die Zähne, föhnt sich die Haare, bürstet sich die Haare, cremt sich das Gesicht ein, trägt möglicherweise Make-up auf, sieht sich im Spiegel an, wählt je nach Wetter und Vorhaben die passende Kleidung aus, zieht die Kleidung an, sieht wieder in den Spiegel – und das alles noch vor dem Frühstück. Es ist ein Wunder, dass die Menschen überhaupt aufstehen. Aber sie tun es, immer und immer wieder, fünfundzwanzigtausendmal, und nicht nur das – sie tun alles selbst, ohne die Hilfe von Droiden oder Computern. Vielleicht ein bisschen elektronische Aktivität in der Zahnbürste oder dem Rasierapparat, aber das war es dann auch. Und all das, um ihren Körpergeruch, Haarwuchs und Mundgeruch in Schach zu halten. Und die Scham, die ihre Natur bei ihnen auslöst.

Musik Auf der Erde werden bestimmte Klangfolgen, wenn sie für das menschliche Ohr angenehm sind, zum Status der »Musik« erhoben. Musik macht die Menschen glücklich, indem sie im subkortikalen Bereich des Vorderhirns Dopamin freisetzt. Also ist Musik eine süchtig machende Substanz und wie so viele süchtig machende Substanzen dazu da, das Leben der Menschen ein wenig erträglicher zu machen. Wer das Musikhören üben möchte, dem empfehle ich, mit *Clair de lune* von Debussy anzufangen, weil es genauso klingt, wie der Kosmos aussieht. Das zweite Album der Talking Heads ist auch ziemlich gut.

MUSIK, DIE MAN HÖREN SOLLTE, UM SICH WIE EIN MENSCH ZU FÜHLEN:

Claude Debussy, *Clair de lune* (um sich im Universum klein zu fühlen)

Talking Heads, *More Songs About Buildings and Food* (um Ungewissheit zu fühlen)

The Beach Boys, *Sloop John B* (um die Bedeutung des Zuhauses zu fühlen)

Prince, *The Beautiful Ones* (um sich sexy zu fühlen)

Marvin Gaye, *What's Going On* (um Frustration über die Welt zu fühlen)

Ennio Morricone, Soundtrack von *Cinema Paradiso* (um die Schönheit des Sentimentalen zu fühlen)

David Bowie, *Space Oddity* (um zu fühlen, wie die Menschen den Weltraum empfinden)

The Jimi Hendrix Experience, *Manic Depression* (um Wahnsinn zu fühlen)

The Rolling Stones, *Let It Bleed* (um Gewalt zu fühlen)

LCD Soundsystem, *Sound of Silver* (um das Bedürfnis zu tanzen zu fühlen)

Public Enemy, *It Takes a Nation of Millions to Hold Us Back* (um die Macht des Klangs zu fühlen)

Billie Holiday, *Lady in Satin* (um zu fühlen, was Melancholie ist)

The Isley Brothers, *3+3* (um zu fühlen, was Funk ist)

Mutter So abwegig es klingt, für die Menschen ist die Mutter eine wichtige Sache. Nicht nur, dass jeder genau weiß, wer seine Mutter ist, in vielen Fällen bleiben sie sogar ein Leben lang mit ihr verbunden. Natürlich nur, bis die Mutter stirbt, aber selbst dann tun sie noch so, als würde sie zu ihnen herabsehen, auf sie aufpassen oder »einfach da sein«.

N

Nachbarn Obwohl es auf der Erde genügend Platz gibt, dass jeder Mensch weit weg von seinen Nachbarn leben könnte und sie niemals sehen müsste, ziehen die Menschen es vor, mit ihren Artgenossen auf Tuchfühlung zu leben. Und dann verbringen sie ihre Zeit damit, von fast tödlichen Rasenmäherunfällen zu fantasieren, die ihren Nachbarn zustoßen.

Nachrichten Die Nachrichten auf Erden folgen anderen Prioritäten als irgendwo sonst auf der Welt. Zum Beispiel wird wenig über mathematische Entdeckungen, poetische Formen oder noch unbekannte Polygone berichtet, dafür aber ziemlich viel über Politik, bei der es auf diesem Planeten fast ausschließlich um Krieg und Geld geht.

Nacht Du bist die Nacht nicht gewöhnt, denn du kommst von einem Planeten, auf dem immer die Sonne scheint. Auf der Erde gibt es wahrscheinlich die dunkelsten Nächte, die du je erlebt hast. Nicht die längsten, aber die tiefsten, die einsamsten und die auf tragische Weise schönsten.

Nahrung Menschliche Nahrung wird oral aufgenommen und ist bis auf wenige Ausnahmen (siehe Kasten) widerlich.

WOHLSCHMECKENDE MAHLZEIT

Man nehme: Brot, Erdnussbutter
Zubereitung: Erdnussbutter auf dem Brot verteilen. Essen.
Optionen zur Verfeinerung:
– Man bestreue die Erdnussbutter großzügig mit Zucker.
– Diese Mahlzeit passt hervorragend zu einem Glas Sauvignon blanc.
– Wer sich mit den Küchengeräten schon ein wenig vertraut gemacht hat und über genügend Zeit verfügt, kann das Brot zuvor in den Toaster schieben. Diese Variante ist in vielen Teilen der Erde als »Erdnussbuttertoast« bekannt.

Nase Die menschliche Nase, der hässlichste Teil ihrer gesamten Anatomie, befindet sich genau da, wo man sie am wenigstens haben möchte – *mitten im Gesicht.*

DIE MERKWÜRDIGSTEN KÖRPERTEILE DES MENSCHEN

1. Nase
2. Ohren
3. Augenbrauen
4. Bauchnabel
5. Knie
6. Testikel
7. Philtrum
8. Zehen
9. Perineum
10. Hände

Nation Einer der kuriosesten und gleichwohl gefährlichsten Aspekte des menschlichen Lebens ist die Aufteilung der Erde in Nationalstaaten. Eine Gruppe von Menschen erfindet eine eigene Flagge, entwickelt eine spezifische Sprache (oder wenigstens einen *Dialekt*), stellt eine eigene Regierung auf und ernennt ein möglichst scheußliches Lied zu ihrer Nationalhymne. Jede Nation hat außerdem ihre eigene Armee, Polizei und Dinnerparty-Etikette. Ich weiß, wie albern das klingt, aber Menschen nehmen Nationen sehr ernst.

Natur Menschen sehen sich selbst oft nicht als Teil der natürlichen Welt. Zum Beispiel sagen Menschen, die in der Stadt leben, gern Dinge wie: »Ach, Anna-Marie, ich liebe meinen Job in der Werbung und meine Wohnung im achten Stock. Aber manchmal wünschte ich, wir könnten aufs Land ziehen, mitten in die Natur.« Als wäre der Menschenaffe, der sich Homo sapiens nennt, irgendetwas, das außerhalb der Natur steht. Als wären die Bauarbeiter, die einen Wolkenkratzer bauen, unnatürlicher als eine Ameisenkolonie oder ein Bienenstock. Als würden Stahl und Glas aus Stoffen hergestellt, die nicht aus diesem Universum stammen, und unterlägen nicht auch den Naturgesetzen. Trotzdem ist den Menschen die Vorstellung einer gesonderten »Natur« wichtig, und sie wird sich wohl auch halten, und sei es nur für die Zwecke der Tourismusbranche und Fruchtsafthersteller.

Neurose Voraussetzung für künstlerisches Talent.

Nichtstun Obwohl die Menschen wegen fast allem, was sie tun, ein schlechtes Gewissen haben, ist Nichtstun genauso verpönt.

Niederlage Unweigerliche Konsequenz des Krieges für alle Seiten. Häufig »Sieg« genannt.

O

Obdachlosigkeit Kein Zuhause haben. Das schlimmste aller menschlichen Schicksale. Siehe *Zuhause*.

Ohr Das zweithässlichste menschliche Organ nach der Nase, wobei das Ohr den zusätzlichen Nachteil hat, dass es *zwei* davon gibt. Auf jeder Seite des Kopfes eins.

Optimismus Siehe *Einbildung*.

OsteopathIn Mensch, der aus Profitgier und perversem Lustgewinn den Rücken eines anderen walkt und verdreht.

P

Panik Der menschliche Geist funktioniert am besten als gemächlicher Verkehr, bei dem die Gedanken mit vernünftiger Geschwindigkeit dahingleiten. Manchmal überholen sie einander, doch sie kollidieren nie. Wenn aber immer mehr Gedanken auftauchen, mit erhöhter Geschwindigkeit, kommt es zu zahlreichen geistigen Unfällen, oft auch zu Staus, die das gesamte System stören. Dann hört der Geist nichts als eine Kakophonie kollidierender Fahrzeuge und plärrender Hupen. So etwas nennt man Panikattacke. Siehe *Angst*.

Park Parks sind das Hauptziel von Spaziergängen mit Hund. Ein Park ist ein Stück Natur – Gras, Blumen, Bäume –, das nicht ganz Natur sein darf. So wie Hunde verhinderte Wölfe sind, sind Parks verhinderte Wälder. Die Menschen lieben beides, vielleicht weil die Menschen, na ja, verhinderte Menschen sind. Siehe *Hund*.

Party Partys auf der Erde sind schreckliche Veranstaltungen und sollten um jeden Preis gemieden werden, es sei denn die Musik ist so laut, dass man nicht hört, was die Leute reden. Siehe *Tanzen*.

Peinlichkeit Allgegenwärtiges unangenehmes Gefühl, am stärksten ausgeprägt bei Teenagern und Briten. Siehe *Scham*.

Pfannengericht Mahlzeit aus Gemüse, Nudeln und gelegentlich Hühnerbrust. Riecht wie die Ausscheidungen eines Bazadeaners und sieht auch so aus.

Plagiat Wenn ein Künstler von einem anderen stiehlt und so tut, als sei die Arbeit seine eigene. Siehe *Shakespeare*.

Poesie Die Tür zum Menschsein. Siehe *Emily Dickinson*.

Politik Das Formen, Lenken und Verwalten von Staaten und anderen politischen Einheiten. Die Politik der Menschen wird gewöhnlich in eine »linke« und eine »rechte« Seite unterteilt. Auf der linken Seite glauben sie an gemeinschaftlichen Besitz, auf der rechten an freie Wirtschaft. Da beide Systeme von Menschen abhängen, sind beide in ähnlichem Maß fehlerhaft.

PolitikerIn Mensch, der oft für die Regierung arbeitet und Politik macht. Um Erfolg zu haben, muss ein Politiker vollkommen widerspruchsfrei wirken und darf nie seine Meinung zu irgendwas ändern. Mit anderen Worten, er muss unmenschlich wirken. Denn der Mensch ändert etwa fünfzig Mal am Tag seine Meinung, während eine erfolgreiche Politiker-Karriere fünfzig Jahre dauern kann. Woraus folgt, dass die meisten Politiker früh lernen, überhaupt keine Meinung zu haben.

Polizei Einmal wurde ich verhaftet. Ich hatte das Gesetz gebrochen, einfach indem ich *keine Kleidung trug*. Dabei bin ich mir ziemlich sicher, dass die meisten Menschen wissen, wie ein nackter Mensch aussieht. Ich hatte also eigentlich nichts Falsches getan, anders als wenn ich eine Gleichung dritten Grades absichtlich falsch berechnet, einen Mord begangen oder die literarischen Fähigkeiten eines Huldrips gelobt hätte.

Außerdem fand ich heraus, dass die menschliche Polizei genau das ist: *menschlich*. Nichtdroid. Sie unternahmen nicht den leisesten Versuch, meine Nerven mit Niedrig-Frequenz-Xetra-Wellen zu beruhigen. Polizeibeamte tragen oft die gleiche Kleidung – Uniformen – und den gleichen Gesichtsausdruck – meistens erschöpften Missmut. Siehe *Zelle, Gerechtigkeit*.

Postmoderne Kulturtheorie und Stil, der sich durch Verspieltheit und die Ablehnung der repressiven und grimmigen Dogmen der Moderne auszeichnet. Postmoderne Werke borgen sich nicht nur Methoden aus allen Zeitaltern, sondern spielen auch mit der eigenen Künstlichkeit. Wäre dies ein postmodernes Buch, würde der Verfasser dich irgendwann direkt ansprechen, als würde er dir in die Augen sehen, und sagen: »Dieses Buch, das natürlich in der Tradition Johnson'scher Lexikographie und Swift'scher Satire steht, aber auch Werken wie Ambrose Bierces kleinem Meisterwerk *Wortbuch des Zynikers* (später bekannt als *Des Teufels Wörterbuch*) von 1911 verpflichtet ist, wurde nicht von einem Außerirdischen verfasst. Es wurde von niemand anderem als mir geschrieben, dem gesellschaftlichen Konstrukt Matt Haig, einem 36-jährigen Romanautor, der zu dem Zeitpunkt, da er dies schreibt, an einem warmen Abend Ende Mai, unter einer leichten Magenverstimmung leidet.« Aber das ist es nicht. Deshalb tue ich es nicht.

Primzahlen Die Menschen spielen oft mit dem Feuer, ohne zu merken, dass es Feuer ist. Ärzte tun es mit Titan. Mathematiker tun es mit Primzahlen. Siehe *Mathematik, Riemann.*

Privatsphäre Die menschliche Spezies ist besessen von Privatsphäre. So sehr, dass man den Menschen als riesiges Geheimnis betrachten kann, das seine Macht verliert, sobald es gelüftet wird.

ProfessorIn Mensch, der viel mehr Zeit mit der Ausbildung verbracht hat als andere, um ein bestimmtes Thema im Detail zu studieren. Normalerweise kennt er die Details danach so genau, dass er nicht in der Lage ist, sein Wissen verständlich weiterzugeben. Nicht dass das eine Rolle spielt, da ein Mensch, der nicht versteht, wovon der Professor/die Professorin spricht, darin nur eine Bestätigung der extremen Klugheit des Professors/der Professorin sieht. Oft weiß nicht mal der/die Professor/in selbst, wovon er/sie redet, aber das macht nichts, solange Ausdrücke wie »Historizität«, »post-Lacan«, »Jouissance«, »Simulakrum« und »syntagmatisch« vorkommen und Sätze wie »Die dichte metaphorische Textur dient als Strategie der Selbstlegitimation«. Die Fähigkeit, aus Wörtern Labyrinthe zu errichten, scheint eine Schlüsselvoraussetzung für das Erlangen einer Professur zu sein. Außerdem das Bedürfnis, ständig für Fotos vor Bücherregalen zu posieren. Und natürlich die Bereitschaft, stets alle korrekten grammatikalischen Endungen zu benutzen.

Protestantisch Wie katholisch, nur weniger. Siehe *Katholisch, Christentum*.

Pub Ort, den die Menschen besuchen, um Alkohol zu trinken, wenn eine Weinbar ihnen nicht gemütlich/gefährlich genug ist. Das »Pub« ist eine Erfindung von Menschen, die in England leben, wahrscheinlich als Kompensation für die Tatsache, dass sie Menschen sind und in England leben.

Q

Quadrat Eine der beliebtesten geometrischen Formen. Die Menschen haben den Zusammenhang zwischen rechten Winkeln und Psychosen noch nicht aufgedeckt, weswegen es bei dieser Spezies eine Vielzahl aggressionsbedingter Probleme gibt, die sie sich nicht erklären können. Siehe *Architektur*.

R

Rache Konzept, das einer hochentwickelten Lebensform wie dir unmöglich zu erklären ist. Siehe *Hamlet*.

Rätsel Die Menschen sind Rätsel, auch für sich selbst, und genau das verleiht ihnen Antrieb. Es ist das Rätselhafte, das die Liebe ermöglicht. Und alles andere. Tatsächlich ist der Mensch rätselhafter als der Weltraum. Das Universum lässt sich an einem Nachmittag durchqueren. Man kann problemlos seine dunkelsten Winkel erreichen. Aber beim Menschen? Oh nein. Selbst für den aufgeräumtesten, erleuchtetsten Menschen bräuchte man von einem Ende zum anderen eine Ewigkeit. Allerdings macht das Erforschen manchmal mehr Spaß als das Wissen. Und du stellst fest, dass der Weg das Ziel und wunderschön ist, trotz und wegen all seiner holprigen Ungewissheit.

Realität Der unbeliebteste Mythos der Menschen. Siehe *Traum*.

Regen Die Städte auf der Erde sind nicht überkuppelt. Wenn man bei Regen draußen ist, bekommt man ihn ab, in all seinem nassen Grauen. Siehe *Wetter*.

Rhythmus Das menschliche Leben ist voller Rhythmus. Der Herzschlag. Gespräche. Sex. Gedichte. Der Rhythmus von Arbeitstagen und Wochenende. Einen Hund streicheln, der seinen Kopf auf deinen Schoß gelegt hat. Mensch sein heißt immer auch, eine Art Musiker zu sein. Erfolgreich zu sein beruht auf dem simplen Kunststück, den Rhythmus zu finden, der zu einem passt, und dabei zu bleiben. Siehe *Musik*.

Riemann Im 19. Jahrhundert stellte der Mathematiker Bernhard Riemann eine Theorie auf, die Riemann'sche Vermutung genannt wird. Was wir als den Zweiten Primzahlsatz kennen, ist für die Menschen der ersehnte Gipfel des mathematischen Wissens. Die Riemann'sche Vermutung zu beweisen, die erklären will, warum der Abstand zwischen zwei

Primzahlen dem Muster folgt, dem er folgt, ist das Hauptziel vieler Mathematiker heute. Die Ironie dabei ist natürlich: Falls es jemandem gelingt, wird die Technologie, die daraus entsteht, wahrscheinlich innerhalb von sechs Monaten die ganze Spezies auslöschen. Aber solche Einwände haben die Menschheit noch nie von irgendetwas abgehalten.

Rot Genau die langwellige Farbe, die du kennst und liebst. Dabei steht sie auf der Erde für Blut, Leben, Sex, Gefahr und Aufregung. Kein Wunder, dass die Menschen sie als Farbe für den Befehl »Halt!« gewählt haben. (Falls du je auf der Erde bist und beenden willst, was du gerade tust: Immer nach dem roten Knopf Ausschau halten.)

Ruhe Unter Menschen sehr schwer zu finden, vor allem nicht in ihren Gedanken. Wenn man sie findet, fühlt sie sich an wie eine fast leere Seite.

S

Salat Kalte Mahlzeit, bestehend aus unappetitlichen irdischen Pflanzenteilen.

Sarkasmus Sarkasmus ist so universell, dass es ihn selbst bei den Menschen gibt, und tatsächlich passt er sehr gut zu ihnen.

Satz Grammatikalische Einheit mit unendlichen Variationen, die im Grunde immer das Gleiche ausdrückt, in Endlosschleife.

Sauber Noch bevor sie wussten, was Bakterien sind, waren die Menschen besessen von Sauberkeit. Früher ging es nur darum, Haus und Körper so sauber zu halten, dass Gott beeindruckt wäre, sollte er unangemeldet zum Abendessen kommen. Heute beinhaltet Sauberkeit eine Vielzahl von Hygieneprodukten, die Keime abtöten und körperliche Scham abwenden sollen.

Scham Die Menschen schämen sich fast ständig. Was nicht heißt, dass alle Quellen der Scham gleichwertig sind. Weit gefehlt. Manche Dinge verursachen ihnen ungleich mehr Scham als andere, und um dich wirklich im menschlichen Leben zu assimilieren, solltest du eine Vorstellung davon haben, wie viel Scham der jeweiligen Situation angemessen ist. (Siehe Kasten.)

SCHAM-INDEX

1. Öffentliche Nacktheit.
2. Unbehagliches Schweigen.
3. Den Namen von jemandem vergessen.
4. Sex mit einem neuen Partner.
5. Hinfallen, vor Zeugen.
6. Von der Umkleidekabine zum Schwimmbecken gehen.
7. Aus der Toilette kommen und sehen, dass jemand wartet.
8. Versehentlich jemandes Brüste berühren.
9. Sechzehn und Jungfrau sein und eine anzügliche Szene bei Chaucer vor der Klasse laut vorlesen müssen.

10 Eine neue Hautunreinheit im Gesicht haben.
11 Körpergeruch.
12 Offener Hosenschlitz.
13 Klopapier am Schuh.
14 Der Einzige im Raum sein, der *Middlemarch* nicht gelesen hat.
15 Jemanden zu lange ansehen.
16 Sich im Theater/Kino durch eine Kniereihe drängen.
17 Scheitern beim Versuch, mit der Karte zu zahlen.
18 In direkten Kontakt mit Tierkot kommen.
19 Ein unerwarteter Ausbruch von Wahrheit.
20 Auf eine/n Freund/in zugehen, nachdem ihr euch erkannt habt, aber noch zu weit entfernt seid, um etwas sagen zu können.

Schlaf Du wirst erstaunt sein, wie viel Zeit die Menschen mit Schlafen verbringen. Sie verwenden fast ein Drittel ihres Lebens darauf. Und doch bekommen sie nie genug. Siehe *Traum*.

Schmerz Die Vorstellung von *anhaltendem* Schmerz ist dir fremd. Deine Zellen regenerieren und reparieren sich mit fast sofortiger Wirkung. Du wirst niemals schwach, alt oder krank. Nein, du wirst nie irgendeine Art von Qual erleiden, die länger als eine Minute dauert. Doch der Mensch muss mit der realistischen Aussicht leben, dass ihn irgendwann im Leben anhaltender physischer oder psychischer Schmerz erwartet. Gleichzeitig gäbe es ohne Schmerz – oder seine Möglichkeit – bei den Menschen keine Kunst, Musik, Literatur oder Liebe. Genau wie es ohne Dunkelheit keine Fackeln gäbe. Siehe *Liebe*.

Schönheit Die Menschen können Schönheit in einem Sonnenuntergang, einem Musikstück, einem menschlichen Gesicht, einem Canyon, Windpark und fast überall sonst finden. Schönheit kann jeder beliebige Auslöser sein, der sie an das kurze Wunder der Existenz erinnert. Siehe *Wunder*.

Schopenhauer Philosoph. Einer der weisesten Menschen aller Zeiten, und folglich einer der traurigsten. Er schrieb: »Einsamkeit ist das Los aller hervorragenden Geister: Sie werden solche zuweilen beseufzen, aber stets sie als das kleinere von zwei Übeln erwählen.« Er hat den Menschen auch gesagt: »Nach dem Tode wirst du das sein, was du vor deiner Geburt warst.« Natürlich hatte er mit beidem recht.

SchriftstellerIn Mensch, der eine Krankheit hat, bei der sich andere gern anstecken möchten. Siehe *Buch*.

Schüchternheit Größte menschliche Behinderung.

Schulterzucken Verbreitete Geste unter existentialistischen Philosophen sowie Teenagern.

Schwarzes Loch Es gibt viele Schwarze Löcher auf der Erde, doch es sind metaphorische Löcher, die in den Menschen entstehen, wenn ihnen die Liebe abhandenkommt.

Schweigen Menschen fürchten das Schweigen. Willst du einen Menschen verlegen machen, musst du nur mitten im Gespräch grundlos zu reden aufhören. Und ihm tief in die Augen sehen.

Schweiß Die Menschen schwitzen nicht gern. Sie wenden sehr viel Zeit und Geld darauf auf, ihre Artgenossen davon zu überzeugen, dass sie schweißfrei sind. Sie baden, sie duschen, sie waschen sich mit Gels und Seifen und benutzen Deodorants unter der Achsel. Alles, um den kombinierten Geruch von Hexansäure und Androstenon zu verdecken. Siehe *Scham*.

Schwerkraft Es gibt zwei Arten von Schwerkraft auf diesem Planeten. Die eine ist psychologisch.

Selbst Die meisten Menschen halten sich selbst für eine Art eigene Kategorie, etwas, das für sich steht.

Selbstmord Die Menschen sind im Universum nicht die einzige Lebensform, die Selbstmord begeht, aber sie legen dabei den größten Enthusiasmus an den Tag. Dafür gibt es viele Gründe. Das Wetter, die Angst, Reality-TV, existentialistische Philosophie, Einsamkeit, die Kluft zwischen der Person, die sie werden wollten, und der Person, die sie sind, die tiefe Scham, die nur Menschen empfinden können.

Ja, das ist wohl der Hauptgrund. Scham. Siehe *Kapitalismus, Hamlet*.

Sentimentalität Noch ein menschlicher Makel. Verzerrtes Nebenprodukt der Liebe, das keinem vernünftigen Zweck dient. Und doch liegt dahinter eine Kraft, die nicht weniger authentisch ist als alles andere.

Seufzer Luft, die hörbar ausgestoßen wird, um Enttäuschung oder Bedauern zu signalisieren. Alle zehn Jahre verdoppelt sich die Anzahl der Seufzer, die ein Mensch ausstößt. Mit achtzig beträgt die Seufzer-Wort-Rate 1 zu 1.

Sex Von all den unerklärlichen Aspekten des menschlichen Lebens ist nichts verwirrender als die Beziehung der Menschen zur Sexualität.

Anders als fast jede andere reproduktive Spezies im Universum (mit Ausnahme der Luffwipes, die sich dafür 30 Meter unter der Oberfläche ihres Planeten verstecken) haben die Menschen normalerweise keinen Sex in der Öffentlichkeit. Sie tun es im Schlafzimmer, einer Umgebung, die begrenzt einsehbar und unbegrenzt mit Scham behaftet ist.

Bemerkenswert dabei ist, dass es dem Menschen beispielsweise überhaupt nicht peinlich ist, dass er keine Ahnung von quadratischen Gleichungen hat, er aber tiefe Scham verspürt, wenn er sich einer zentralen Gegebenheit seiner Existenz widmet, nämlich der Handlung, die ihn in die Welt gebracht hat.

Shakespeare Dieb. Rechtschreibschwach. Ungenauer Reiseschriftsteller. Phrasenpräger. Genie. Frauenfeind. Feminist. Royalist. Republikaner. Rassist. Anti-Rassist. Lustig. Traurig. Dichter. Wahrheitsager. Tot. Lebendig. Menschlich. Siehe *Leben*.

Siegen Die Menschen siegen nicht gern. Das heißt, sie genießen es für zehn Sekunden, aber falls sie anschließend immer weiter siegen, müssen sie sich irgendwann mit anderen Dingen befassen, Leben und Tod zum Beispiel. Das Einzige, was ihnen noch weniger Spaß macht als Siegen ist Verlieren, aber dagegen lässt sich wenigstens etwas tun. Wenn man immer nur gewinnt, kann man nichts mehr tun. Damit müssen sie fertigwerden.

Sinn Das Geheimnis, das die Menschen unbedingt lüften wollen.

Sinne Der Mensch hat sechs Sinne, doch er kann nur fünf davon benutzen. Diese Sinne sind mit Vorsicht zu genießen, denn das Zeug, das sich zu schmecken, zu hören, zu sehen, zu riechen und anzufassen lohnt, ist meistens genau das Zeug, das einen in alle möglichen körperlichen und geistigen Schwierigkeiten bringt.

Sofa Ein Büro für Schriftsteller.

Software Unvollkommene Computer-Technologie, die entwickelt wurde, um den Benutzer zu frustrieren. Siehe *Computer*.

Sonnenuntergang Du hast wahrscheinlich schon viele Sonnenuntergänge erlebt, an vielen verschiedenen Ecken des Universums. Aber auf der Erde sind die Elemente perfekt gemischt. Die eine Sonne hat die perfekte Entfernung, die Luft genau die richtige Mischung aus Sauerstoff, Stickstoff und Wasserdampf, um diesen wunderschönen melancholischen Farbcocktail zu erzeugen. Siehe *Schönheit*.

Soziale Netzwerke Im Grunde sind soziale Netzwerke auf der Erde sehr beschränkt. Anders als auf Vonnadoria existiert noch keine Technologie der Gehirnsynchronisierung, also können die Netzwerkteilnehmer nicht telepathisch kommunizieren wie ein richtiger Schwarm. Sie können die Träume anderer nicht besuchen und nicht die imaginären Delikatessen exotischer Mondlandschaften kosten. Um auf der Erde an einem sozialen Netzwerk teilzunehmen, muss man sich gewöhnlich vor einen nichtsensointelligenten Computer setzen und verbal eintippen, dass man dringend einen Kaffee braucht, und verbal lesen, dass andere auch einen Kaffee brauchen, während keiner auf die Idee kommt, Kaffee zu kochen.

Spiegel Nie wird man einer ästhetisch verstörenderen Spezies begegnen als den Menschen, und doch gibt es ironischerweise überall reflektierende Oberflächen.

Spielautomat Maschine, die in Pubs und Casinos steht und auf Menschen abzielt, deren Vorliebe für bunte, blinkende Lichter und Geld mit einem extrem mangelhaften Verständnis von Wahrscheinlichkeitstheorie einhergeht.

Sport Aufgrund seiner technologischen Möglichkeiten und mathematischen Inkompetenz und der Schranken der Schwerkraft sind die sportlichen Optionen des Menschen extrem eingeschränkt. Im Grunde sind die meisten Sportarten Variationen ein und desselben Spiels – es geht um eine Kugel, die kleiner ist als die Erde und an einer bestimmten Stelle deponiert werden muss.

Sprachen Menschliche Sprachen sind lächerlich einfach, da sie fast nur aus Wörtern bestehen.

Spülmaschine Die Menschen haben kein selbstreinigendes Geschirr, also halten sie die Spülmaschine für unabdingbar, auch wenn der Aufwand, der nötig ist, um eine Spülmaschine ein- und auszuräumen und die Teile nachzuspülen, die nicht sauber geworden sind, tendenziell größer ist, als würde man gleich alles mit der Hand spülen.

Starbucks Anders als die berühmte bazadeanische Bank gleichen Namens verkauft Starbucks auf der Erde ein flüssiges Aufputschmittel namens Kaffee sowie an die Einsamen und

Leichtgläubigen die abstrakte Vorstellung von »Gemeinschaft«.

Sterne Die Menschen lieben es, sich die Sterne anzusehen. Sie schreiben Gedichte darüber. Sie besingen sie, um ihre Kinder in den Schlaf zu wiegen. Und doch wissen sie sehr wenig über das, was sie sehen, da der Weltraum weitgehend ein Rätsel für sie ist. Aber wahrscheinlich geht es genau darum. Der Mensch findet Schönheit überall, weil alles rätselhaft für ihn ist. Siehe *Schönheit*.

Suchmaschine Werkzeug, um die beliebtesten Fehlinformationen zu einem Thema zu finden.

Sünde Vergnügen plus Schuld.

Supermacht Menschen haben die Macht, die Zeit anzuhalten. Sie tun es beim Küssen. Oder wenn sie Musik hören.

T

Tag Auf der Erde umfasst ein Tag eine sehr kurze Zeitspanne, doch lang genug, um sich zu verlieben.

Tanzen Testverfahren des sexuellen Potenzials, bei dem die Menschen ihren Körper im Takt von Musik bewegen. Beliebt in Nachtclubs, bei Hochzeiten, Musikfestivals und anderen präkopulativen Veranstaltungen.

Technologie Denk an all die Dinge, die für dich selbstverständlich sind. Reisen durchs Universum, der Besuch anderer Welten und Körper, die Aufnahme unendlicher Mengen von Information durch das Schlucken von Wortkapseln, das Eintauchen in das Denken und die Träume anderer, das Heilen jeder Art von Wunden und eine selbstbestimmte Lebensdauer, frei von Schmerz oder körperlichem Verfall. Aus der Warte des Menschen sind diese Technologien noch unvorstellbar weit entfernt.

Und doch ist der Mensch sehr erfreut über den Fortschritt, den er bisher gemacht hat. Die Entdeckung des Feuers. Der Pflug. Die Druckerpresse. Die Dampfmaschine. Der Mikrochip. Die Entschlüsselung der DNA. Antifaltencreme. Die Menschen sind überaus stolz auf sich. Doch der Sprung, den die meisten anderen intelligenten Lebensformen gemacht haben, liegt noch in weiter Ferne.

Der Mensch hat vielleicht Raketen und Sonden und Satelliten gebaut, und ein paar davon funktionieren sogar. Doch mit der Mathematik ist er bis jetzt noch nicht sehr weit gediehen. Die großen Dinge sind Zukunftsmusik: die Synchronisierung der Gehirne. Die Erfindung freidenkender Computer. Service-Droiden. Intergalaktisches Reisen. Automatische Zellreparatur. Albtraumprävention. Die Ironie dabei ist, in Anbetracht ihrer psychologischen Mängel gibt es für die Menschen keine Möglichkeit, diese Dinge zu erlangen, ohne sich vorher in die Luft zu sprengen. Siehe *Shakespeare*.

Teenager Spezielle Unterkategorie der Menschen, zu deren Haupteigenschaften eine geschwächte Widerstandskraft gegen die Schwerkraft, ein Wortschatz, der vornehmlich aus

Grunzen besteht, der Mangel an räumlichem Bewusstsein, gehäuftes Masturbieren, der unstillbare Appetit auf Frühstücksflocken und die Fähigkeit gehören, jederzeit die psychologischen Schwachpunkte ihrer Eltern aufzudecken.

Tests Menschen lieben Prüfungen und Tests. Fahrprüfungen, Fitnesstests, Schulprüfungen, psychometrische Tests, Eignungstests, Persönlichkeitstests, Liebesprüfungen, Tests auf sexuell übertragbare Krankheiten. Fällt man bei einem Test durch, gibt es häufig einen Test, warum man bei dem Test durchgefallen ist. Es ist ein Planet voller Tests und Metatests. Wahrscheinlich haben die Menschen eine solche Schwäche für Wertungsverfahren, weil sie an einen freien Willen glauben, und wenn man an einen freien Willen glaubt, ist alles eine Frage der Entscheidung. Die Menschen glauben, sie hätten Kontrolle über ihr Leben, also lieben sie Fragen und Tests, deren Anwendung ihnen außerdem das Gefühl gibt, über den Menschen zu stehen, die falsche Entscheidungen getroffen und nicht hart genug gearbeitet haben, um auf die richtigen Antworten zu kommen. Siehe *Universität*.

Tier Bei den Menschen die gebräuchliche Bezeichnung für alle auf der Erde lebenden Tierarten bis auf eine.

Titan Das Titan auf der Erde ist dasselbe wie das Titan an allen anderen Orten des Universums. Der einzige Unterschied ist, dass hier niemand, bis auf die Regenwürmer vielleicht, eine Ahnung von seiner verheerenden Wirkung hat. Es kann einem sogar passieren, zum Beispiel als älterem Menschen mit einem Hüftleiden, dass die Mediziner vorschlagen, man möge sich eine neue Hüfte aus *Titan* machen lassen. Es wäre beinahe komisch, wenn es nicht wahr wäre. Aber es ist wahr.

Tod Die Menschen sind eine der wenigen intelligenten Spezies dieser Galaxie, die das Problem des Todes nicht gelöst haben. Doch im Gegensatz zum Beispiel zu den Bewohnern von Anadon – die das mit der Gestaltung des Jenseits auch noch nicht raushaben –, verbringen die Menschen ihr Leben nicht damit, vor Angst zu schreien, sich verzweifelt die Haut zu zerkratzen oder sich brüllend auf dem Boden zu wälzen. Manche tun dies, und zwar gewöhnlich in geschlossenen Anstalten, doch das sind die, die hier für verrückt gehalten werden.

Toilette Häusliche Entsorgungsanlage für menschliche Ausscheidungen. Ort, an dem viele künstlerische und wissenschaftliche Durchbrüche der Menschheit stattgefunden haben.

Töten Der wahrscheinlich komplizierteste Aspekt der menschlichen Moral. Ein Mensch darf keinen anderen Menschen töten, aber es gibt verschiedene Ausnahmen (Krieg, Todesstrafe, Güte). Außerdem dürfen bestimmte Tiere nicht getötet werden, andere dagegen schon, wobei die genauen Kriterien komplex und schwierig zu ermitteln sind. Als Faustregel gilt: Du darfst auf keinen Fall ein Tier töten, das ein Halsband trägt oder auf deinem Schoß sitzt.

Traum Du und ich haben keine Träume. Wir brauchen sie nicht, denn es gibt keine Kluft zwischen dem, wer wir sind, und dem, was wir tun. Menschen dagegen träumen fast jedes Mal, wenn sie die Augen schließen.

Traurigkeit Die Traurigkeit der Menschen nimmt ständig zu. Zum einen liegt dies daran, dass sie länger leben (ältere Menschen sind trauriger als junge). Doch es hat auch damit zu tun, dass viele Menschen heute das Gefühl haben, sie hätten ein Recht darauf, glücklich zu sein, und Menschen hassen es, um ihr Recht betrogen zu werden.

U

Unangenehme Dinge Die Menschen tun ständig Dinge, die ihnen keinen Spaß machen. Tatsächlich sind in jedem beliebigen Augenblick nur 0,3 Prozent der Menschen aktiv mit etwas beschäftigt, das ihnen Spaß macht, und dabei haben sie auch noch ein schlechtes Gewissen und schwören sich hoch und heilig, sobald wie möglich wieder etwas schrecklich Unangenehmes zu tun.

Universität Bestimmte Menschen besuchen nach der Schule die Universität. Wie die meisten Bildungsstätten auf der Erde machen Universitäten den Fehler, das Wissen in *Fächer* aufzuteilen. So denkt jemand, der Ingenieurswissenschaft studiert, sein Wissen hätte nichts mit dem eines Literaturstudenten zu tun. Außerdem sind Universitäten häufig stolz auf ihr Alter. Einer Universität, die im 14. Jahrhundert gegründet wurde, wird großer Respekt entgegengebracht, obwohl der Großteil dessen, was damals dort gelehrt wurde, längst widerlegt ist. Die Menschen aber betrachten die Vergangenheit gerne als eine Reihe von Stufen, die zum Raum der Gegenwart emporführen, einem Raum, der speziell für sie gebaut wurde. Dabei vergessen sie, dass das, was sich wie ein Raum anfühlt, nur eine weitere Stufe auf der Treppe ist, die ewig aufwärts führt und niemals ankommt. Siehe *ProfessorIn, Fortschritt*.

Unsinn Die Menschen reden viel Unsinn. Wenn sie die Wahrheit hören wollen, verlangen sie zum Beispiel: »Sag es geradeheraus«, was auf ihre angeborene Verehrung gerader, starrer Linien zurückgeht. Sie ahnen nicht, dass die Wahrheit, die sie natürlich gar nicht wirklich hören wollen, nie eine gerade Linie ist.

Upgrade Vom Marketing kanalisierter Mythos des Fortschritts.

V

Vampirismus Beliebte Metapher der Menschen für Sex und andere Dinge, die sie nicht direkt beim Namen nennen möchten.

Veränderung Etwas, von dem die Menschen glauben, es wäre überall möglich und von ihnen beeinflussbar. »Ich kann die Welt verändern! Ich kann mein Leben verändern!« Am Ende bleibt alles beim Alten, aber sag ihnen das bloß nicht.

VerbrecherIn Jemand, den die Menschen in der Realität hassen und fürchten, in Filmen und Büchern dagegen verehren.

Verfall Richtung des menschlichen Lebens ab dem Alter von zwanzig Jahren.

Vielfalt Auf der Erde versteht man unter kultureller Vielfalt, einigermaßen nett zu sein zu Menschen mit genau den gleichen inneren Organen, aber einer minimal abweichenden Pigmentierung der Haut. Die Menschen gratulieren sich, wenn sie eine Ebene der Zivilisation erreicht haben, wo sie Menschen mit dunklerer Haut nicht umbringen. Das ist ziemlich furchterregend und der Grund, warum du – falls du dich als einen von ihnen klonst – niemanden wissen lassen darfst, wie sehr du dich von ihnen unterscheidest. Sonst bringen sie dich im Handumdrehen um.

Vorort Wo Kinderträume wachsen und Erwachsenenträume eingehen.

W

Wahnsinn Generell mögen die Menschen keine Wahnsinnigen, es sei denn, sie können gut malen, aber auch dann erst, wenn sie tot sind. Andererseits ist die Definition von Wahnsinn auf der Erde ziemlich verschwommen und widersprüchlich. Was in einem Zeitalter vollkommen normal ist, kann in einem anderen als vollkommen verrückt gelten. Die ersten Menschen liefen problemlos nackt herum. Manche Menschen, hauptsächlich in Regenwäldern, tun es immer noch. Woraus folgt, dass Wahnsinn manchmal eine Frage der Zeit ist und manchmal eine Frage der Postleitzahl.

Die Grundregel ist, wenn ihr auf der Erde zurechnungsfähig wirken wollt, müsst ihr in der richtigen Kleidung am richtigen Ort sein, die richtigen Worte sagen und nur die richtige Sorte Gras betreten.

Natürlich leiden die Menschen kollektiv an dermaßen vielen unklugen Wahnvorstellungen in Bezug auf praktisch jedes Thema, dass sie, würden sie es merken, zwangsläufig ihre ganze Spezies als hoffnungslos wahnsinnig abschreiben müssten. Siehe *Krankenhaus*.

Währung An den meisten Orten auf der Erde ist die Währung Geld. Gelegentlich auch Liebe. Gelegentlich Hass. Doch meistens Geld.

Werbung Kunstform mit dem Ziel, Produkte oder Dienstleistungen zu verkaufen. Zu diesem Zweck wird den Menschen eingeredet, sie hätten einen Mangel, der nur behoben werden kann, indem sie Geld für besagtes Produkt oder besagte Dienstleistung ausgeben. Willst du ihnen ein Schönheitsprodukt verkaufen, rede ihnen ein, dass sie hässlich sind. Willst du ihnen Versicherungen verkaufen, rede ihnen ein, dass das Leben gefährlich ist. Willst du ihnen einen Traum verkaufen, erinnere sie daran, dass sie in einem Albtraum gefangen sind.

Wetter Das Wetter auf der Erde ist sehr dominant. Sie haben so viel davon, praktisch überall und in fast jeder Form. Sonnenschein, Wind, Schnee, Graupel, Nebel und – in England – eine Art permanenten grauen Dunst, wie auf halber Höhe hängengebliebener Regen. Falls man nicht zufällig den Mai in Südfrankreich verbringt, ist das Wetter so gut wie nie *genau richtig*. Es ist entweder zu heiß, zu kalt, zu nass oder zu windig. Der einzige Vorteil des Wettersystems auf der Erde ist, dass es den Menschen ein Thema liefert, über das sie ständig meckern können, ohne irgendwem auf die Füße zu treten. »Oh Gott, dieses *Wetter*«, stöhnen sie, weil das viel leichter ist als zu sagen: »Oh Gott, diese *Sterblichkeit*.« Solange sie über den Regen stöhnen, müssen sie sich nicht über den Tod beklagen. Sie empfinden ein trügerisches Gefühl der Sicherheit dabei. Denn egal was man über den Tod sagen kann, das Wetter ist dabei kein Problem.

Wirtschaft Auf der Erde gibt es sechs große Religionen. Sie heißen Christentum, Islam, Hinduismus, Buddhismus, Sikhismus und Wirtschaft. Die Wirtschaft ist wahrscheinlich die wichtigste unter ihnen. Sie ist sehr kompliziert, und niemand versteht sie wirklich, vor allem die Wirtschaftswissenschaftler nicht. Im Grunde geht es immer um Zahlen und den Glauben, dass diese Zahlen etwas bedeuten. Nämlich Geld. Natürlich bedeuten die Zahlen nicht wirklich Geld. Sie bedeuten nichts anderes als Zahlen, aber sag das den Menschen nicht.

Man könnte einfach alle Zahlen in Nullen verwandeln, und alle wären froh, aber entweder ist das den Menschen nicht klar, oder sie wollen es nicht wahrhaben, weil ihnen die Kompliziertheit Selbstvertrauen gibt, zumindest denen, die Geld haben. Sie wollen daran glauben, dass Wirtschaft toll ist, aus dem simplen Grund, weil sie zu niemandem nett sein müssen, um erlöst zu werden, was der große Nachteil aller anderen Religionen ist.

Wissen Ware, die äußerst selten ist. Siehe *Information*.

Witz Nebeneffekt der Sterblichkeit.

Woche Eine Menschenwoche soll die Proportionen der menschlichen Natur wiedergeben. Fünf Siebtel Elend und zwei Siebtel Erlösung.

Wohltätigkeit Nützliches Nebenprodukt von Schuldgefühlen.

Wort Ein Pflasterstein auf der unfertigen Straße zum Verstehen.

Wunder Mathematisch gesehen besteht nicht die geringste Chance, dass die Menschen in ihrer gegenwärtigen Form existieren könnten. Die Wahrscheinlichkeit beträgt null gegen unendlich. Und doch sind sie da. Diese Tatsache hilft zu verstehen, warum Religion hier so beliebt ist. Es ist sonnenklar, dass es Gott nicht geben kann. Aber genauso wenig kann es die Menschen geben. Wenn sie also an sich selbst glauben, so die logische Schlussfolgerung, warum dann nicht auch an etwas, dass nur einen winzigen Bruchteil unwahrscheinlicher ist?

XYZ

Xenophobie Wenn jemand ein aktives Misstrauen gegen 99,9 Prozent der Menschen hegt, die nicht in seinem Land leben.

Yoga Eine Form der körperlichen Aktivität, die auf dem Strecken von Gliedern, langsamer Atmung und einem Gefühl von Überlegenheit basiert.

Zabii Von der Erde aus der nächste bewohnte Planet. Klein, schnelle Rotation, gute Partyszene. Nur 4 632 215 Lichtjahre entfernt. Die Menschen haben keine Ahnung von seiner Existenz.

Zeit Die Hauptausrede der Menschen, etwas nicht zu tun, lautet »Wenn ich nur mehr Zeit hätte«, was so lange überzeugend ist, bis einem klar wird, dass sie in Wirklichkeit mehr Zeit *haben*. Sie haben morgen. Und übermorgen. Und überübermorgen. Und überüberübermorgen. Ich könnte das Wort »über« ungefähr dreißigtausendmal vor das letzte »morgen« schreiben, um deutlich zu machen, wie viel Zeit die Menschen haben.

Zeitschriften Auf der Erde befinden sich die Medien noch im Vor-Kapsel-Stadium, und der Großteil der Informationen muss mit Hilfe eines Computers oder aber eines sogenannten Printmediums gelesen werden, hergestellt aus einer aus Bäumen gewonnenen, dünn ausgewalzten, chemisch bearbeiteten Masse, die man Papier nennt. Zeitschriften sind bunte, hochglänzende Druckerzeugnisse, die beim Leser Gefühle von Unzulänglichkeit auslösen sollen.

Hauptziel der Zeitschriftenverlage ist es, den Leser/innen einzureden, sie wären zu arm, dick, alt, Single, ungesund, unberühmt, uninformiert, schlecht gekleidet, neurotisch, sexuell unterversorgt und allgemein depressiv, und gleichzeitig so zu tun, als hätten sie die Lösung für all diese Probleme.

Zelle Falls du von der Polizei verhaftet wirst, landest du mit hoher Wahrscheinlichkeit in einem kleinen Zimmer, das Zelle genannt wird.

Die Zelle ist das Inbild menschlicher Architektur und Raumgestaltung. Sie besteht vollständig aus Quadraten und rechten Winkeln und wird auf der Erde als der schlimmste aller Räume angesehen, vorgeblich weil der Mensch ihr nicht ohne weiteres entkommen kann. Der Mensch kann auch seinem Planeten nicht ohne weiteres entkommen, und doch hört er nie auf, ihn zu verehren. Wir haben es hier also mit einem klaren Widerspruch zu tun. Siehe *Architektur, Polizei.*

Zigarette Verbreitete, aber berüchtigte Darreichungsform einer pflanzlichen Substanz namens Nikotin, die über die Atemwege in die Blutbahn gelangt.

Zigaretten machen abhängig und erhöhen die Sterblichkeit, was vermuten lassen könnte, das Inhalieren führe zu einer Art von unglaublichem Überorgasmus als Kompensation für ein verkürztes Leben, doch leider ist dies nicht der Fall. Nichtsdestotrotz erfreuen sie sich in manchen Kreisen weiterhin großer Beliebtheit aufgrund ihrer ikonischen Assoziation mit toten Filmstars und existentialistischen Philosophen.

Zivilisation Das Ergebnis, wenn eine Gruppe von Menschen sich zusammentut und gemeinsam ihre Instinkte unterdrückt.

Zoo Ort, wo depressive nicht-menschliche Tiere ausgestellt sind, um menschliche Besucher zu unterhalten. Eine der Erfindungen – wie auch Safaris, Pferderennen, Bauernhöfe, Forschungslabore und Schuhgeschäfte –, mit denen die Menschen den anderen Tieren zeigen, wer der Boss ist.

Zuhause Als sei es nicht genug, dass das Leben der Menschen auf einen winzigen Planeten beschränkt ist, und im Regelfall sogar weitgehend auf ein einziges Land auf diesem Planeten, bevorzugen es die Menschen darüber hinaus, den Großteil ihres Lebens in einem Haus oder einer Wohnung zu verbringen. Ihrem *Zuhause*. Manchmal ist es ihr Leben lang dasselbe Haus. Manchmal ziehen sie in ein anderes Haus. Dafür kann es verschiedene Gründe geben. Vielleicht haben sie sich in jemanden verliebt und wollen mit dieser Person zusammenwohnen. In diesem Stadium ist das Zuhause meistens eine Wohnung. Wenn das Paar Kinder hat, ziehen sie wieder um, in eine größere Wohnstatt außerhalb der Stadt. An einen Ort, wo es ruhiger ist und wo sie das Gefühl haben, ihren Kindern drohe weniger Gefahr von alternativen Lebensstilen und Methamphetaminen. Dann, wenn die Kinder zur Universität gehen, ziehen die Menschen wieder in eine kleinere Wohnung. (Ein interessanter Aspekt an menschlichen Behausungen ist, dass jede ihre Größe stets beibehält, ganz gleich wie viele Menschen sich darin befinden.) Die wahre Bedeutung des Zuhauses liegt jedoch in der damit verbundenen Emotion. Sie haben gern das Gefühl, irgendwo hinzugehören. Sei es ein Haus, eine Familie, ein Stamm oder eine Nation. Ein Mensch sein, das heißt einen Ort zu brauchen – oder einen Menschen –, den sie Zuhause nennen können.

Zukunft Wie die Gegenwart, nur besser. (Wenn man jung ist.)

Zweimal Wenn es beim ersten Mal Spaß gemacht hat, höre hier auf. Vor allem, wenn Alkohol drin war.

Nützliche Informationen

Einige Ratschläge, die man beherzigen sollte, wenn man als Mensch durchgehen will:

1. Trage Kleidung. Immer.
2. Iss keine Katzen. Du kannst Kühe essen, Schafe oder Schweine. Aber nie eine Katze.
3. Seufze mehr mit zunehmendem Alter.
4. Hadere mit der Kluft zwischen dem, der du bist, und dem, der du eigentlich werden wolltest, auch wenn du sie selbst immer größer machst.
5. Wenn du mit einem Menschen redest, versuch deinen Ekel zu überwinden und sieh ihm ins Gesicht.
6. Auch wenn zwei Arme und zwei Beine viele Möglichkeiten bieten, gehen die meisten Menschen zu Fuß. Rennen ist zulässig, wenn man es eilig hat, aber Hüpfen oder Krabbeln in der Öffentlichkeit wird als unpassend betrachtet.
7. Verhalte dich so, als könnte Geld dich retten.
8. Tu so, als fändest du eine Technologie beeindruckend, wenn sie neu ist. Mach dich darüber lustig, wenn sie mehr als fünf Jahre

alt ist. Auch wenn sämtliche von Menschen erfundenen Technologien für dich ungefähr eine Million Jahre alt sind.
9. Falls du einmal Sex mit einem Menschen hast, solltest du nicht kichern, bevor es vorbei ist.
10. Sei montags deprimiert und samstags glücklich. Nicht umgekehrt. Sonst irritierst du die Menschen.

Zur Vorbereitung auf den Planeten Erde

Die Erde ist ein Planet, auf den man sich schlecht vorbereiten kann, weil er mit nichts vergleichbar ist. Natürlich kannst du die Fakten recherchieren. Du kannst in Erfahrung bringen, dass ein Objekt auf der Erde im freien Fall jede Sekunde um etwa zehn Meter pro Sekunde schneller wird. Du kannst lernen, dass die Luft vor allem aus Stickstoff besteht. Und dass es mehr Meer als Land gibt.

Aber nichts kann dich auf die erste Begegnung mit einem Menschen vorbereiten. Ihre merkwürdige zweibeinige Gestalt, die seltsame nackte Haut mit dem unlogischen Behaarungsmuster. Die Kleidung, die es in buchstäblich allen Farben gibt und die sie ungeachtet des Wetters immer tragen, um die Zonen zu bedecken, die ihnen am meisten Scham bereiten. Ironischerweise bleiben aber ihre Gesichter – aus deren Mitte die unheimlichste Nase ragt, die du wahrscheinlich je zu sehen bekommen wirst – immer nackt und den Blicken ausgesetzt, zumindest in den meisten Kulturen.

Mein Rat für die erste Begegnung mit den Menschen ist einfach. Rechne damit, dass du dich ekelst. Denn das ist unvermeidlich. Doch wenn der Ekel nachlässt, kann es passieren, dass du sie mit der Zeit sogar ganz nett findest, allerdings nur, falls du für ihre Schwächen und Merkwürdigkeiten Verständnis aufbringst.

Wie der Mensch zustande kam

Manche Menschen glauben, die Erde sei viereinhalb Milliarden Jahre alt, andere glauben, sie sei sechstausend Jahre alt. Beide haben recht, denn sie ist viereinhalb Milliarden Jahre alt.

Wichtig ist, die Erde war ziemlich schnell da, nachdem das Universum angeworfen wurde. Sie war da und sie war da und sie war da und sie war Ewigkeiten da, und dann, endlich, nach ungefähr einer Milliarde Jahre, tauchten ein paar Mikroorganismen auf. Und da kein Leben einsamer ist als das eines Einzellers, beschlossen sie, sich zusammenzutun. Dann, vor etwa drei Milliarden kleinen Erdenjahren, entwickelte sich ein riesiger Megaorganismus, der die Ozeane ausfüllte.

Das war die goldene Zeit des Planeten. Ein einziges lebendiges Wesen, das seine Gene immer wieder durchmischte und sich selbst regenerierte. Und es lebte Millionen von Jahren, schwebte im Wasser, wie ein endloses, wunderbares Meeting, bei dem sich alle gut verstehen, weil alle zum selben Wesen gehören. Doch irgendwann, aus Gründen, die die Menschen noch nicht durchschaut haben, geschah mit dem Meeting, was bei allen Meetings früher oder später passiert: Es gab Auseinandersetzungen. Der letzte gemeinsame Ahn aller Lebensformen teilte sich in drei auf. Die Bakterien, die Archaeen und das, woraus sich die Eukaryoten entwickeln sollten, zerstritten sich und gingen jeder seiner eigenen Wege. Ohne Zweifel war es im Wesentlichen die Schuld der Eukaryoten, die sich – wie auf allen Planeten – für etwas Besseres hielten, nur weil sie innerhalb ihrer Membran ein bisschen mehr Komplexität aufwiesen als die anderen.

Jedenfalls führte ihr Überlegenheitsgefühl dazu, dass die Eukaryoten auf aberwitzige Ideen kamen. Genauer gesagt auf zwei Ideen. Diese Ideen lassen sich in »Pflanzen« und »Tiere« unterscheiden, wobei man nicht vergessen sollte, dass diese beiden evolutionären »Fortschritte« einzig das Ergebnis schlechter Verdauung waren.

Es gab also ein paar Algen, dann ein paar Pflanzen und ein paar Seeanemonen und Quallen. Und dann gab es Fische. Einige dieser Fische dachten lange und intensiv nach, bis sie beschlossen, dass ihnen das Meer doch ein wenig zu eng war. Es war okay, aber es gab keine Bananen im Meer, und plötzlich hatten sie großen Appetit auf Bananen. Auch in kultureller Hinsicht war das Meer eher deprimierend, vor allem nachts. Wenn wir uns je am Lagerfeuer Geschichten erzählen oder in Clubs DubStep tanzen wollen, schienen sich die ehrgeizigen Fische zu denken, dann sollten wir lieber hier verduften.

Natürlich ist aus heutiger Perspektive klar, dass es nicht die klügste Idee war, sich aus dem Meer herauszubewegen. Auf lange Sicht. Am Anfang gab es immerhin noch die Dinosaurier, und die waren ziemlich toll. Eindrucksvolle Schuppen, hübsche Farben, irgendwie sexy.

Ich weiß, was du jetzt denkst. Du denkst: »Moment mal, *Dinosaurier*? Auf der *Erde*? Dinosaurier kommen doch von Bazadea.« Da muss ich widersprechen. Dinosaurier gibt es in den *Zoos* von Bazadea, weil sie vor vielen Jahren von der ersten Welle bazadeanischer intergalaktischer Forscher mit nach Hause gebracht wurden. Und du weißt, die gehen nicht mit Samthandschuhen vor, wenn ihre Gier entfacht ist. Ihre Strategie ist: Wenn der Bazadeaner etwas will, nimmt er es sich, und dann tut er so, als hätte ein Asteroid eingeschlagen.

Zurück zur Erde: Nach der Sache mit den Dinosauriern kamen die Bazadeaner noch ein paarmal wieder, aber was sie auf der Erde sahen, riss sie nicht mehr vom Hocker. Außerdem waren sie noch nie besonders gut im Vogelfangen gewesen. Also überließen sie – und alle anderen – die Erde ihrem eigenen evolutionären Weg.

Blumen tauchten auf, und Termiten, und der Planet kühlte ab und vereiste an den Polen. Es wurde ein bisschen zu kühl für einige Affenarten, weshalb sie in Richtung der Region wanderten, die die Menschen heute Afrika nennen. Allmählich verloren die Affen ihre Haare und fingen an, aufrecht zu gehen. Und mit der Zeit entwickelten sie gewisse Fertigkeiten wie das Anspitzen von Stöcken, Feuer machen, Wörter bilden und zu zweifelhaften Komplimenten zusammensetzen.

Kurz, sie wurden zu Menschen. Und wie die Menschen so sind, schon bald fanden sie, sie seien bereit dafür, Zivilisationen zu erschaffen. Und das taten sie auch. Zumindest fingen sie an, große, sinnlose Gebäude zu bauen, was bei den Menschen aufs Gleiche hinausläuft. Und – wahrscheinlich ahnst du es schon – etwa zu dieser Zeit setzten sie sich auch diese Idee mit Gott in den Kopf.

Wie man auf dem Planeten Erde atmet

Wie die meisten Tiere auf der Erde muss der Mensch pausenlos atmen. Hört er auf zu atmen, stirbt er, und umgekehrt.

Es gibt hauptsächlich zwei Möglichkeiten der Atmung, entweder durch die Nase oder durch den Mund. Da es alle tun müssen, funktioniert das Atmen bei den Menschen automatisch. Das heißt, dass sie – sofern sie nicht ein Bronchienproblem haben oder Yogalehrer sind – nicht allzu viel ihrer ohnehin knapp bemessenen Denkkraft darauf verwenden.

Wenn die Menschen aber vergessen, dass sie atmen, vergessen sie auch, dass sie leben, und das ist gefährlich. Es kann zum Verlust der Perspektive führen und zur Konzentration auf Dinge wie Hypotheken, berufliche Rivalitäten, das Auto, das sie fahren sollten, und ob es nötig ist, die Küche zu renovieren.

Der beste Rat, den ich dir geben kann, ist also: Wenn du ein Mensch wirst, denk immer daran, dass du lebendig bist.

Unterkunft

Die meisten Menschen leben in Städten, auch wenn es ihnen dort nicht gefällt. Viel lieber würden sie in einer Villa auf einer Klippe über dem Meer leben, kilometerweit vom nächsten Menschen entfernt. Doch wer die Menschen verstehen will, ist gut beraten, sich in eine Stadt zu begeben.

Hier einige Vorschläge:

Bilbao, Spanien Vorsicht. Hier steht ein sehr großes Kunstmuseum aus Titan. Ja, du hast richtig gelesen. *Titan.*

Cambridge, England Eine eher kleine Stadt. Wohnort einiger der intelligentesten Köpfe des Planeten, darunter der Mann, der ich wurde, Professor Andrew Martin. Wenn ihr euch eine Vorstellung von der Universität Cambridge machen wollt, denkt an einen vonnadorianischen Kindergarten kurz vor der Fütterungszeit.

Jerusalem, Israel Stadt mit tiefer Bedeutung für die drei großen Weltreligionen. Ihr

Name bedeutet »Stadt des Friedens«, sie wurde allerdings zum genauen Gegenteil davon.

Las Vegas, USA Stadt mitten in der Wüste mit den größten Springbrunnen der Erde. Wallfahrtsort von Menschen mit Geldkomplexen und null Ahnung von Wahrscheinlichkeitstheorie.

London, England Ein berühmter Lexikograph hat einst gesagt: »Wenn ein Mensch Londons müde ist, ist er des Lebens müde.« Interessanterweise wird man am schnellsten lebensmüde, wenn man nach London zieht. Speziell, wenn man in der Coburn Road 20 in Bow im East End wohnt und einen Job in Croydon hat, bei dem man am Telefon Werbeflächen verkauft.

New York, USA Alle Menschen auf der Erde wissen, wie es ist, in New York zu leben, weil sehr viele erfolgreiche Fernsehkomödien dort spielen. In New York zu leben heißt, schön zu sein, eine große Wohnung mit anderen schönen Leuten zu teilen und alle möglichen Probleme zu haben, die mit Shopping, Job, Liebe und Sex zu tun haben und seit eh und je unzählige Gelegenheiten für messerscharfe Pointen und herzerwärmende Situationskomik bieten.

Palo Alto, USA Stadt mit vielen Menschen, die in der Internet-Industrie arbeiten und den Großteil ihres gesellschaftlichen Leben damit verbringen, Frozen Yoghurt zu essen.

Paris, Frankreich Wenn du willst, dass sich ein Mensch in dich verliebt, fahr mit ihm nach Paris und füttere ihn mit Wein und Kuchen. Außerdem ist hier das allerliebste Lieblingsbild der Menschen ausgestellt. Es heißt *Mona Lisa* und wurde von dem Nicht-Pariser (und übrigens Nicht-Menschen) Leonardo da Vinci gemalt.

Reykjavík, Island Stadt hoch oben in der nördlichen Hemisphäre in einem Land, dessen Landschaft der unseres Heimatplaneten erstaunlich ähnlich sieht. Hier gibt es die meisten Bücherleser, eine sehr hohe Selbstmordrate und die höchstgewachsenen Exemplare der Spezies Mensch.

Rio de Janeiro, Brasilien Stadt inmitten üppiger Regenwälder, Granitberge und Strände, berühmt für eine riesige Jesusstatue. Die Stadt hat mit vielen Problemen zu kämpfen, doch falls du den Versuch machen willst, das menschliche Leben tatsächlich zu *genießen*, hast du hier die größte Chance.

Rom, Italien Stadt voller antiker Architektur und moderner Mopeds, wo die Menschen es schaffen, von Geschichte umgeben zu sein und sie gleichzeitig klugerweise zu ignorieren.

Ulan Bator, Äußere Mongolei Für manche Menschen ist die Äußere Mongolei ein Synonym für »völlige Ödnis«. Doch Ulan Bator ist eine echte Stadt, aus dem Universum betrachtet gleich neben Paris, London und New York. Und sie ist ziemlich genau so wie jede andere Stadt auf der Erde. Voller Menschen und deren Nasen.

Nützliche menschliche Redewendungen

Hallo
Standardbegrüßung.

Tschüs
Standardverabschiedung.

Wie geht's?
Unaufrichtige Nachfrage.

Gut
Passende Antwort auf obige Nachfrage, ohne Wahrheitsbezug.

Ziemlich heiß/kalt/windig/feucht/ schrecklich heute, nicht?
Wenn du nicht weißt, was du sagen sollst, rede über das Wetter.

Sie sehen gut aus. Hatten Sie eine Schönheitsoperation?
Kompliment.

Wo habe ich bloß meine Schlüssel?
Wenn du wegen irgendetwas besorgt aussiehst, sag das. Jeder wird es verstehen.

Ich bin ja so müde.
Typische eheliche Begrüßung.

Wow, du siehst toll aus.
Typische voreheliche Begrüßung.

Ich habe mit deinem Bruder/deiner Schwester geschlafen.
Es gibt Dinge, die man auf der Erde *nicht* sagen kann. Die meisten haben mit Sex zu tun. Dies ist ein Beispiel.

Das ist wirklich interessant.
Bedeutet das genaue Gegenteil.

Wie Oscar Wilde sagte ...
Man kann hier einsetzen, was immer man möchte, alle angetrunkenen Dinnergäste werden beeindruckt sein.

Ach, weißt du, er/sie hatte ein gutes Leben.
Passender Kommentar zum Tod eines Menschen über 75.

Wie traurig. Er/sie war noch so jung.
Passender Kommentar zum Tod eines Menschen unter 75.

Sie waren nie wieder so gut wie auf dem zweiten Album.
Funktioniert bei allen Musikgruppen außer bei denen, die weniger als zwei Alben herausgebracht haben.

Was für ein eindrucksvolles Chiaroscuro.
Passender Kommentar, wenn man vor einem alten Gemälde steht.

Ist er/sie nicht süß!
Was man über die Babys anderer Leute sagt, egal wie sie aussehen.

Du kannst alles werden, was du willst, die ganze Welt steht dir offen.
Verbreitete elterliche Lüge.

Bedenke gut, was du dir wünschst.
Sprichwort, von unglücklichen Menschen überall auf der Erde verwendet.

Ich habe nicht darum gebeten, geboren zu werden.
Teenager-Ausdruck. Lüge. Das Erste, was das Spermium stumm zur Eizelle sagt, ist: »Kann ich bitte geboren werden?«

Ja, mir geht es gut.
Verbreitete Aussage von Erwachsenen gegenüber ihren Müttern.

Es ist keine Frage des Geldes.
Es *ist* eine Frage des Geldes.

Es war gut, aber kein Graham Greene.
Passender Kommentar nach dem Lesen eines Buchs.

Mir egal. Ich wollte sowieso gerade von einer Brücke springen.
Passende Antwort, wenn jemand droht, dich umzubringen.

Setzen wir uns erst mal und trinken eine Tasse Tee.
Passende Reaktion in Zeiten ernster Krisen, vor allem in England.

Ich will nach Hause.
Die menschlichste aller Wortkombinationen.

Es wird doch alles gut, oder?
Immer ja sagen. Das ist die einzige menschliche Antwort.